全-生活論

転形期の公共空間

篠原雅武
Shinohara Masatake

以文社

はじめに

生活をするとはどういうことか。今、この問題をあらためて考えてみたいと思う。というのも、生活とは、けっして当たり前のこととして成り立つものではなく、それを維持し、存続させていくためには、相当の労力を必要とし、ともすればそこに生じる綻びを放置しておくなら、その裂け目をきっかけに一気に崩壊へと至ってしまうこともあるということが、近年急速に——多くの人々の実感とともに——問題として浮上しつつあるように思われるからだ。

生活とは、住まうこと、食すること、会話すること、掃除すること、子育てや介護などという無数の地味な営みの複合体と捉えることができるだろう。住居や街路、家具や食材、テレビやパソコンといった諸々の物質的な存在がそこでないまぜとなり、さまざまな価値観や習慣という精神的な創造物もまたその織糸となるような、心的とも物的ともつかぬ組織体だといってもいい。

本書は、この組織体としての生活について、考えようとするものである。それは、消費生活に絡めとられて内実が空疎になった生活を問題化することとは違うし、何のために生きているのかわからないと思い悩むこととも違う。心身の両面を包括する組織体としての生活、そうしたものを維持することのむずかしさとはどういうことか、これが壊れるとしたらどういうことか、壊れずに維持するためには何が必要であるのかを問うものである。

もちろんこうした試みは、容易ではない。一つには、これがいったい何学の領域に属しているのかわからぬところで考えなくてはならないからだ。つまりは学際的な領域で考える、ということだ。「学際的」ということはずいぶんと前からいわれてきたし、近年では、学問の過度な専門分化にたいする反省から、専門知の拘束を脱した教養知ないしは普遍知を構築していく必要があるといわれるようになった。本書は、この学際的な知の構想という風潮に属するものといえるだろう。

そうしたことは、あきらかに、人間の生活を問い直さねばならないという要請と関係がある。戦後の高度成長において、生活は、基本的にはよくなるもので、少なくとも、維持が困難になり、破綻するなど、よほどのことでもないかぎり起こりえない、例外的なこととみなされてきた。ところが、近年においては、生活の困難、破綻は、さして珍しくない事態となりつつある。生活が安定的に維持可能だという想定のもとに成り立っていた知のあり方では、いったい何が問題であるかを、捉えることも、適切な説明もできないような状況が到来しつつある。既存の学問領域の枠組みにとらわれることなく、生活の困難という問題を単刀直入に提起し、これがいったいどういうことかを考え言葉にしていくことが、今あらためて必要とされている。

生活を問うことのむずかしさの理由はもう一つある。それは、この社会では、生活の困難、苦しさ、痛みというものが、なかなか自覚されにくい、ということだ。生活はより便利になり、充足をもたらすことが当然だという想定が疑いの余地なく通用している状況においては、生活の困難は、たとえ感覚されたとしても、あくまでも一時的なことであり、いずれは克服されるだろうと思い込まされてしまう。そのなかにあって、生活を維持し、存続させていくことのむずかしさを考え、議論することは、そういった想定を疑問に付すことであり、さらには、この想定のもとでまどろんでいる意識に覚醒を促すことでもある。

こういったことは、以前からずっといわれてきたことでもある。戦後の高度経済成長のもとでつくりだされたのは、生活していることの痛みを痛いと感じさせない体制であったということを見抜いたのは、田中美津だった。田中は、今をさかのぼること四〇年前、一九七二年にこう述べていた。

人間の意識を管理していく要領は、人々に己れは光の中にいる人間だと思い込ませて、闇に目を向けさせないことだ。「痛み」を「痛い」と感じさせないことなのだ……「痛み」を「痛い」と感じない人は痛くない人ではなく、己れをあくまで光の中にいると思い込みたい人なのだ。「痛み」を痛いと感じないように呪文をかけ続けている人だ。[*1]

「痛み」を「痛い」と感じさせない体制。それはここ日本では、現代においても、基本的には変わっていないといっていい。「痛み」の度合いはかつて以上に深刻なものとなっているかもしれないが、「痛い」と感じさせない体制も、巧妙なものとなっている。新聞、雑誌、テレビ、各種のベストセラー本、シネマコンプレックスで上映される映画、インターネットの情報が、この世に生きていることの痛みを麻痺させる、わかりやすい言葉、イメージ、音を、なおも拡散させている。

生活を問い直すことの起点となるのは、痛みからの思考である。この世に生きていることの痛みは、生活という組織体の綻び、解体から、生じるものであるからだ。綻び、壊れつつある生活を作り直し、痛みの生じることのないものへと仕立て直さないかぎり、痛みはけっして軽減されず、むしろ、いっそう深刻になる。

痛みからの思考は、痛覚を麻痺させるこの体制のもとでは困難である。この麻痺に抵抗し、覚醒を促すことを可能にする知と言葉を発案していく必要がある。それは、痛みを痛いとはっきりと自覚し、麻痺させるのではなくて受容し、そこを原点にして、自分を知り、他者を知り、生活のあり方を知り、変えていく手がかりとなるべき言葉であり、知識である。

麻痺からの覚醒が可能になるのは、何らかの知識や物語、ないしは大義を外から注入することによってではない。それを可能にするのは、麻痺させる言葉や知識、わかりやすい啓蒙の物語を除去し、自分が生きている状況への生身の感覚を研ぎすませていくことである。

本書は、生の実感の欠如を満たすべく、この世に生きていることの意味をわかりやすく説明するといった類の本とは異なるものである。痛みへの無感覚が蔓延している状態を肯定的に把握し、説明するといった類の本とも異なる。あるいは、格差や貧困や社会的排除などの常套句を用いて解説するといった類の本とも異なる。むしろ逆に、痛みの感覚の麻痺、鈍摩からの覚醒を促すためのものであり、痛みが麻痺させられていることの仕組みを把握しようとするものであり、痛みのない、痛みを生じさせることのない世界を、夢見ようとするものである。

人は、「生命」のもつ可能性を卑しめられるその「痛み」を、その「怒り」を原点に、己れを支配／被支配のない世界へと飛翔させていくのだ。[*2]

こういった世界へと達するための道筋を、わずかでもつけることのできる議論ができればと思う。

＊1　田中美津『いのちの女たちへ』現代書館、二〇〇四年、一九一―一九二頁。
＊2　同、一九四頁。

全-生活論　目次

全一生活論　転形期の公共空間

序章　生活の失調

生活への問い

生活するということは、一見するなら、平凡でとるに足らないことである。政治や経済、文学といった高次の活動と比べてみれば、考察に値するほどに深遠なことなどそこにはないと考える人も多いだろう。人が生活し、生きるというのは当たり前のことである。それがいかなるものになっていようと、人は耐え忍び、生きねばならない。生活のあり方を問い詰めたところで、結局は、そういう当然きわまりない結論に落ち着く以外にないのではないか、というように。たしかに、日常生活を普通に、平穏無事に送っているかぎり、自分がどのようにして暮らしているかを深刻に考えることなどあまりない。そのかぎりでは、どのような生活を営んでいるかという問いは、日常生活を普通に送ることのできない状態に陥ったとき、出てくるものであるのかもしれない。生活が円滑に作動することのない、壊れそうな状態、失調状態において、出てくるような問いである。

生活という当たり前の営みが、当たり前のこととして成り立つことの困難を実感するとき、人ははじめて、いったい自分が生きている生活がどのようなものであるかを捉えたいと思うようになる。それは、生活がじつは脆弱で、存続させていくのがむずかしい組織体であるということが、納得できる瞬間であるといってもいいだろう。そのとき生活は、真剣に考察すべき対象となる。

生活を考察の対象とする研究の先駆的なものとしては、アンリ・ルフェーブルの日常生活批判がある。[*1] ルフェーブルは、日常生活を、平坦にくり返される日々の雑事の集積ではなく、ひとつの制度のようなものとして捉えた。それは、「ひとつの作品として、つまり社会的な一集団の作品もしくは一個人によって活かされる社会的な一活動の作品」[*2]である、というわけだ。動物のようにただ生命を存続させていくことと、人間の生活の違いは、ここにある。

この制度的なもの、作品的なものとしての生活のあり方を問題化することが、日常生活批判である。本書は、この日常生活批判を、現代においてやり直そうとするものである。

藤田省三が、生活の組織体ということを問題化したのも、やはり、それが解体状態に陥りつつあるのではないかと考えたからだった。それは、高度経済成長下ですすんだ合理的組織化、人工化、新品化による解体である。自然の崩壊であり、産業公害による身体的な損傷と環境破壊であり、家族をはじめとする人間関係の崩壊（核家族化、都市化による地縁関係の希薄化）、個々人の内面的な崩壊（帰属感の喪失、根無し草）である。

このような意味での解体は、いまだに進行途上であると考えることもできるだろうが、私たちは、さらなる解体状態を生きているのではないか。根無し草化、根こそぎにされるといったイメージでは、捉えられない状況を生きるようになっているのではないか。それはもう、「生活の基底を剥奪された状態、そこから放りだされた状態において生きる」[*3]といったイメージだけでは捉えられない。生活を営むことの土台となる基底そのものが失調し、壊れていくことと捉えたほうが適切な事態を、私たちは生きるようになっているのではないか。

---

*1　ルフェーブルの日常生活批判は以下のものがある。『日常生活批判序説』田中仁彦訳、現代思潮社、一九六八年。『日常生活批判1』奥山秀美・松原雅典訳、現代思潮社、一九六九年。『日常生活批判2』奥山秀美訳、一九七〇年。『現代世界における日常生活』森本和夫訳、現代思潮社、一九七〇年。なお、日常生活批判が都市論と空間論へとどのようにして展開したかに関しては、拙著『公共空間の政治理論』（人文書院、二〇〇七年）の第二章で論じたのでこちらも参照されたい。

*2　アンリ・ルフェーブル『一つの立場』白井健三郎訳、一九七〇年、二一九頁。

こうした事態を主題とする近年の小説作品として、たとえば、奥田英朗の『無理』がある。東北の衰退していく地方都市を舞台とする小説であるが、そこには、こういう描写がある。

午後七時になって、一人で塾のビルを出た。携帯電話を握り締め、駅に向かって早足で歩く。商店街は半分以上が閉店しているので、吹き抜ける風にシャッターがガタガタと音を立てて揺れた。人通りはまったくない。雪が舞っているせいもあろうが、この光景は尋常ではなかった。開けている店もあったが、店番の姿はなかった。客が来ないので、奥で晩御飯を食べているのだろう。

通りは寂れているくせに、真新しい街灯が十メートルおきに立っていた。エンジ色の洒落た鉄柱だ。場違いな明るさが、余計にわびしさを醸し出していた。しかもスピーカーが内蔵されていて、四六時中音楽が流れている。こんな無駄なもの、いったい誰が立てることを決めたのか、さっぱり理解できない。[*4]

商店をいとなむ人々の暮らしが、維持し、存続させていくうえで、困難な状態にある。なんらかの打開策が必要とされる状態にあるが、そこで試みられるのは、新しい街灯の設置だ。それはあきらかに無駄であるが、どういうわけか建てられてしまう。資金があるのなら、ほかのところで使うべきであるのにもかかわらず。これは、暮らしの維持のための条件がどういうものであるかという問いを欠落させた、とりあえず物理的に明るくすればよいだろうとでもいうかのような、場当たり的な支援、再生策でしかない。暮らしの実情から乖離している。それがわびしさをいっそう増幅させることになる。

この風景に現れているのは、第二の自然とでもいうべき人工化された生活世界そのものが失調に陥り、空転していく事態を私たちが生きている、ということだ。これはもう、人工物による生活世界の合理化、均質化というのでは捉えられない。

この失調を概念的に考察していくのにあたり示唆的なのは、フェリックス・ガタリが提示する、「領土」の概念である。つまり、社会秩序や国家、制度といった静態的な構造ではなく、「みずからを形成し、みずからを定義し、そしてみずからを脱領土化していく」過程的な存在としての領土である。生活は、この領土において、領土が形成されていく過程において営まれて

＊3　市村弘正『小さなものの諸形態』平凡社ライブラリー、二〇〇四年、九頁。根無し草化とは、故郷を離れ、亡命生活を送ることである。もちろん、産業化の進展にともない、農村から都市へと移住することも、根無し草経験の一つとみなしえよう。だが、現代においては、根無し草というだけでは捉え切れない、いっそう深刻な事態が起こりつつある。それは、二〇世紀的な現象である根無し草経験とは区別されることとして、考えてみる必要がある。

＊4　奥田英朗『無理』文藝春秋、二〇〇九年、一三四頁。

いる。そして彼がいうには、領土は、「層状をなして死滅していく反復性の方向へ行くか、または何らかの人間的な企図によってみずからを「居住可能」なところにしうる実践を起点とした、自己成長的《プロセシュエル》な開放へとむかうかの、分岐の可能性をはらんだもの」[*5]である。

生活世界の失調は、人工物が古くなり、壊れ、あるいは必要でないのにもかかわらず余計につくりだされ、生活の実情と乖離したところにそれらが積み重なり、死滅するがままに放置され、その反面、本当のところ必要とされているところでは不足し、行き渡らないというようにして起こる事態ということになろうか。これはもう、人工物で埋め尽くされていく事態を問題化するだけでは、打開できない。自然への回帰といったことでは打開できない。ガタリが示唆しているように、死滅へとむかう反復性が優勢となり荒涼としていく状況を生きていることを認識することが、まずは必要である。

本書の概要

このような事態がいったいいかなるものであるのかを捉え、思考するための理論は、未整備のままである。そもそもが、生活という組織体が失調するという問題状況そのものが、適切に捉えられているとはいいがたい。不況、失業、貧困や、社会的セーフティネットの削減、温暖化や放射性物質の飛散などというように、生活の悪化を引き起こしている要因を指摘することなら可能である。そういった要因についてなら、経済システムや、社会制度、自然環境といったことにかんする理論体系をつかって説明することもできるだろう。経済システムや社会制度の改変をつうじた生活状況の改善策を提示することもできるかもしれない。

だが、ガタリの議論をふまえていうなら、生活の失調状態は、かならずしも、経済システムや社会制度の不具合といったことの問題ではない。科学技術の成果は、使い方次第では、生活の失調を回復させうるほどにまで発展を遂げ、蓄積されている。社会制度や経済システムにかんする知識の量も膨大になった。にもかかわらず、「このような手段を手中におさめて機能させようとしている社会的に組織された勢力や、主観性の構成集団がまったく無能である」[*6]ために、失調状態は放置されたままである。このアンバランスが問題なのだ。

それは一つには、理論の未整備の問題である。生活の失調状況が、適切に問題化されていないからである。どういうことが問題であるかが適切に捉えられないかぎり、どこに、いかにして働きかけるべきかについては、わかりようはずがない。

＊5　フェリックス・ガタリ『三つのエコロジー』杉村昌昭訳、平凡社ライブラリー、二〇〇八年、四八頁。
＊6　同、一五頁。

理論の未整備、不備をめぐっては、一九九〇年代の公共性をめぐる議論のことを検討しておかねばならないだろう。生活の失調としかいいようのない荒涼とした現象の兆候が現れはじめたのは、おそらく、九〇年代あたりからである。阪神・淡路大震災と地下鉄サリン事件の起こった九五年が時代の変わり目だったと考える人も多いかもしれない。これらの出来事が突きつけたのは、私たちの生きる生活の脆さ、壊れやすさであり、日常性がきわめて不安定な基盤のうえに成り立つということであった。

壊れやすく、不安定的な基盤について、真剣に考えなくてはならないという機運が高まるようになったのは、この時期だろう。人間がともに暮らし、活動する基盤そのものの脆さを認識し、それをいかにして安定させ、安心できる暮らしの基盤として存続させていくかを考えることが、重要な課題として着目されるようになった。

ハンナ・アーレントの『人間の条件』をはじめとする著書がさかんに読まれたのも、そうした関心からである。アーレントは、それを、人間活動の産物として、人間の手になる制作物として捉えた。それは、複数の人間のあいだに位置する共通世界である。この共通世界に属し、他者とかかわっていくことが、人間らしい生活を成立させる条件であるとアーレントは考えた。これが公共性である、というわけだ。

社会とのつながりが希薄化し、人々の孤立が深刻化し、他者への無関心が蔓延していくというのは、たしかに、否定しがたい傾向である。そこに、社会の基盤の脆弱化の兆候があると考えることもできる。そう考えたうえで、公共性の再生を提唱するというのは、論理的には筋がとおっている。

だが、つながりの希薄化や、孤立、無関心そのものが、問題なのか。むしろ、これらは、生活の失調という問題がわかりやすい形をとって現れただけのことではないのか。つまり、集団的な生活様式が綻び、壊れつつあることの帰結、現象でしかないのではないか。そのあたりのことが、公共性をめぐる議論においては、十分に問われていなかった。これにかんしては、一章で検討する。

生活の解体や失調が問題化されないことの理由は、たんに理論の未整備にのみあるのではない。それが、多くの人にはいまだに感知されていないということにもある。生活の失調が、私たちの生きる時代の基調にあるなどというのは、言い過ぎではないのかという人も、いるかもしれない。

なにゆえに感知されないのか。それはおそらくは、生活の失調の兆候を隠蔽し、感覚させず思考させないさまざまな装置が配備され、人々がそこに絡めとられているからである。たとえばテレビやＤＶＤの映像に没頭しているとき、人は、その外に広がる現実世界を忘れていることができる。貧困者の増加や地方の衰退、虐待や自殺者の増加というような「悪い知らせ」などきれいさっぱり忘れていることができる。そういった忘却、眩惑装置は、テレビ、ネット、書籍だけでなく、生活空間のいたるところに配備されている。ショッピングモール、観光地、シネマコンプレックスなどがそのわかりやすい例だが、ひょっとしたら、私たちの生活世界そのものが、その解体や失調を感じさせないものへと作り替えられているのかもしれない。こうしたことは二章で検討する。

生活の失調状況を適切に問題化する方法を模索していく必要があるが、そのためには、適切に問題化されない状態を批判し、それに反対するだけでは、十分ではない。ガタリは、「夫婦や恋人のあいだ、家族のなか、あるいは都市生活や労働の場などにおける人間の存在の仕方を変革したり再創造したりする、特別の実践を発展させる」[*7]必要があると述べている。つまり、生活という組織体を新しく織り成していく実践がいかなるものでありうるかをも、考えておかねばならない。

それは、生活しているところにおいて、流動的な状況において、つかみ取られる思想である。まさに今、生きているところで、考えなくてはならない、ということだ。花崎皋平が述べているように、その先例は、一九七〇年代前半の民衆運動に求められるべきだろう。つまり、ウーマン・リブ運動であり、発電所などの開発に対する住民運動である。[*8]

それらは、資本主義への批判といった観念的なイデオロギーから始まるものではない。自分たちが生きている状況において具体的に感覚される痛みに立って、そこから実践し、考えようとするものであった。それも、痛みから個人的に解放され、救出されることを求めるというのではなく、痛みを生じさせている状況そのものを変え、そこで生きている人のすべてが痛みから解放された生活世界を創造しようとするものであった。それは、経済成長下で進行した、生産性の論理と開発の論理による生活世界の改変に対峙し、そこで根こそぎにされていく生活を、防衛し、新たに織り成すことである。

一九七〇年代前半の思想的創造作業に今さら着目することに意味はあるかと問う人もいるかもしれない。そのときから今にかけておよそ四〇年あまりが経過し、思想もいっそうの発展を遂げたではないか、ならば七〇年代前半など、古びた過去の話ではないかと考える人もいるかもしれない。

これらは、経済成長下で推進された生活世界の改変の影響がようやく出始め、社会問題化されたときに創造されようとしていた思想である。子殺し、公害、農漁村の衰退、過疎化といったことだ。それから四〇年後の状況は、たしかにこのときとはちがう。当時はその改変の影響

＊7　同、一九頁。
＊8　花崎皋平『アイデンティティと共生の哲学』平凡社ライブラリー、二〇〇一年。とくに第七章（「男と女」）および第八章（「「開発」と「発展」についての物語と理論と」）を参照のこと。

が出始めていた状況であったのに対し、今はむしろ、生活世界の改変のさらなる進行がはたして今後も可能かどうかという瀬戸際にある、というように。つまり今は、経済成長路線のもとで進められてきた生活世界の改変の結果、生活という組織体そのものの破綻の兆候が顕著になるという状況である。ここで生活をどう建て直すか、どう織り成していくかが、これからの重要課題となるだろう。それを考えるためにも、生活世界の改変が徹底的に問題化され始めた当時の思想を振り返り、その思想的創造作業をやり直すことは、必須の作業といえるのではないか。このやり直しを踏まえつつ、現状を新たに考えることが必要である。こうしたことは三章と四章で論じる。

つまるところ、本書で考えてみたいのは、次のようなことだ。私たちは、ほつれつつあるセーターを着ているような状況を生きている。たとえわずかなほつれであっても、放置しておけば、それは巨大な穴となり、いずれセーターは原型をとどめぬ毛糸の散乱物と化す。ワッペンでその穴を覆ったところで一時的な対処策にしかならない。ほつれていくということは、もはやおしとどめようのない、不可避的な動向である。これを放置し、組織体が解体するがままにするのか、それとも、ほつれを直し、新たに織り成していく方法をあみだすのか。このような分岐点を、私たちは生きている。

ほつれを直すのは、簡単なようであっても、とてもむずかしい。それは、何らかの既成の理論体系を静的に応用し、現状をそれにあわせて作り替えるということではない。あるいは、ほつれを引き起こした要因をつきとめ、それを駆除すれば、ほつれはおのずと直るともかぎらない。なによりもまず、ほつれが起こっている状況を直視し、そこで考えようとすることが必要である。

そうした思考は、ひとりひとりが身を置いている状況に制約されたものとならざるをえない。それは主観的な思い込みでしかないのではないかという反論もあるだろう。それに対しては、こう言っておきたい。アドルノは、「解体期に遭遇した個人が自分自身と自分の身に生ずることについて重ねる経験は、ある種の認識に資するところがある」[*9]と述べているが、ほつれを直していくための思想は、まずはひとりひとりが自分なりの生活経験を反芻し、そこから独自の認識を導き出そうとすることからしか始まらないのではないか、と。

個々人の経験を離れた、静止した一般理論は、たとえどれだけ精緻に体系化されたものであっても、綻びていくという流動的な状況においては、むしろ無力であるだろう。流動的な状況に即した思想は、個々人の、自分なりの思考の試みを出発点とする。それを、正しいか誤っているかという観点から、判定すべきではない。どれほどまでに状況の真相に迫ることができて

＊9　テオドール・W・アドルノ『ミニマ・モラリア』三光長治訳、法政大学出版局、一九七九年、五頁。

いるかが重要である。

＊

ところで、「全－生活」という奇矯な書名を目にしたとき、この本は、私的な生活領域の自由の制限を提唱する、反動的なものではないかと考えた人もいるだろう。差異や個性の概念が解放の論理と結びつけられてきたここ数十年の風潮になじんだ人には、「全－生活」の言葉は、生活の全体主義化を連想させるものであるかもしれない。そうした誤解を解くためには、「全－生活」という書名について、あらかじめいくつか述べておかねばならない。

本書は、生活という組織体が壊れ、失調し、荒んでいくということを、全体性の死滅という観点から、論じていこうとするものである。全体性とは、生活という組織体を織り成すさまざまないとなみを、集め、関係づけ、出会わせ、織り成していく作用であり、はたらきのことだ。こうした意味での全体性があってはじめて、生活は、組織体となり、存続可能なものとなる。

何かが壊れ、狂い、荒廃がすすむ時代状況においては、この全体性をなんらかのやり方で取り戻すことが、喫緊の課題となるだろう。それはもちろん、壊れる前に維持されていた古き良き秩序をそのまま再生させることではない。古き良き秩序もまた、壊れていくのだ。その崩壊において、ひそやかに、だが着実に現れつつある何ものかの断片を関係づけ、織り成していくための全体性は、これから新たに発案し、創出していかなくてはならないたぐいのものだ。それは、壊れて荒みとりとめもなく分裂していく状態において、表向き明るさを装わされつつ束ねられ硬化と停滞を強いられている生活を解きほぐすところに、回復され、蘇生することになるだろう。

さらに、生活の失調は、生活を営む者であるなら誰であれ感覚でき、考えつくはずのことだ。生活を、その全体性というあり方において（ないしは、全体性が死滅しつつあるというあり方において）思考し、荒廃から救い出すための知がつくりだされるのは、人々が生活の場で感じる軋み、痛みにおいて出てくるようなさまざまな知の断片――これはかならずしも、学術論文の体裁をとる必要はなく、いろいろな場で着想され、口にされる、雑多な想念であっていい――のすべてをあたうかぎりで集め、混合させ、織り成していくところであるはずだ。そういった意味での多様な知を集めていく導き手となるような本があってもいいだろうという思いから、本書は書かれている。

第一章　公共性と生活

公共領域の衰退が問題なのか

一九九〇年代の日本では、公共性がさかんに論じられていた。公共性は、国家から自律した、市民的な領域として定義された。多様な関心をもつ個人が集まり、自分たちの生き方をそこで決定していく領域である、というように。さまざまな人びとが集まるところに形成される共通世界、複数の人びとをつなぎ、関わらせる、間としての公共領域。公共性をめぐる議論は、こういった定義を導きだしたというだけでなく、それをもとにして現状を捉え、よりよい世界のありかたを考えようとするものであった。

公共性は、私的領域の肥大化が公的なものを衰退させているという観点から、問題化された。

消費社会化の進展にともない、私的欲求の充足にいそしむ風潮が支配的になるとともに、公共性はないがしろにされて衰退していく。いかにしてこの風潮に対抗し、公的なものの再生を展望するかが、重要な課題とされた。

公共性の危機がこのようにして論じられたことの背景には、高度成長期に日本で広まり、骨がらみとなった習慣が、価値観があった。それを藤田省三は、私的安楽主義と呼んだ。一九八五年に書かれた論考「「安楽」への全体主義」で、藤田はこう述べた。「今日の社会は、不快の源そのものを追放しようとする結果、不快のない状態としての「安楽」すなわちどこまでも括弧つきの唯々一面的な「安楽」を優先的価値として追求することとなった」[*1]。私的安楽主義のもとでは、安楽をかき乱すもの、脅かすものは、積極的に忌避すべきものとされる。安楽の撹乱要因を取り除き、安楽を保護してくれる組織（たとえば会社であり、国家）であるなら属することは歓迎であるが、そうでないなら関与は断ち切るべきだとされた。

一九九〇年代の公共性論においても、基本的には、消費主義、私的なものの肥大化が、問題化されていた。公的な領域からの撤退は、私的安楽主義がなおも克服されないことの問題である。公的な領域への関与は、私的安楽をかき乱す要因であり、だからこそ忌避すべきであるという風潮が公的なものを衰退させた。この衰退に対抗し、公共領域を再興する必要がある、というように。

本章で考えてみたいのは、生活の失調、解体という問題状況において、公共領域の再生という構想は、はたして適切であるのか、ということである。たしかに、公的なものは、依然として衰退しているように思われる。人と会い、関わり、議論し、考えるための場をつくり、参加することは、なおも困難であるからだ。そのことゆえに、引きこもりや孤独死などが起こってしまうと考えるともできるだろう。

だが、いまや公私の区分を引くならば私的とされる領域においても、たんなる私的安楽主義の蔓延というのとは異なる失調状態が起こりつつある。この失調状態をいかにして捉え、問題化するかが、大きな課題となりつつあるのではないか。

監視と放置

高度成長の時代、豊かになるということが当たり前のこととして経験された時代には、私的領域は、多くの者には安楽に過ごすことのできる領域として経験されたのかもしれない。私的領域を維持することができず、誰かが死んでしまうといったことは、主要な問題とはされてこ

---

*1 藤田省三「「安楽」への全体主義」『藤田省三セレクション』市村弘正編、平凡社ライブラリー、二〇一〇年、三八九―三九〇頁。

なかったはずだ。日本でも貧困な場所は残存しており、貧困ゆえに人が死ぬということもあったとはいえ、これはあくまでも例外的な事態とされた。それもいずれは経済成長によって克服され、皆が豊かに生きることが可能になると信じられてきた。

私たちが生きているのは、もはやそういう状況ではない。私的領域は、無条件的に安楽な領域とはなりえず、維持し、存続させていくことの困難な領域となりつつある。

こうなりつつあることの理由は、公的世界の変容と関連がある。つまり、公的なものが、私的領域の維持と存立を困難にするものへと変容しつつある、ということだ。

一つとしては、監視社会化のもとですすみつつある公的領域の変質と肥大化による、プライヴァシーの侵蝕があげられる。それは、監視カメラの導入によって、あからさまなかたちで進行している。繁華街だけでなく、住宅街にも設置され、情報は警察署へと直結している。カメラの導入以外にも、住基ネットの導入のように、個人にかんする情報を収集するシステムができあがっている。これはもう、公的なものの衰退どころの話ではない。

監視社会化が進んだことの理由について、大屋雄裕はこう述べている。「監視の目的は単にすべてを見ることではない。対象の行動を先取りして予測し、それにあらかじめ対処しておくことが、その本質的な特徴なのだ」。つまり監視社会では、個々人が「観測・分類・統計処理の可能な確率的存在へと還元されている」[*2]。人びとは、その行動が予測可能な存在として把捉されていくことになるが、この予測可能性の精度を高めていくためには、いっそうの監視、いっそうの観測、分類、統計処理が施される。個人情報の徹底的な収集である。これが極限まですすむなら、隠された領域という意味でのプライヴァシーは消滅していくことになる。

大屋が参照する、デーヴィッド・ライアンの議論[*3]によれば、情報ネットワークによる監視は、国家や企業の独占物ではない。それは社会全体に浸透している。個々人が、それぞれ相手を観測し、情報収集し、分類し、分析するといったことを介して、お互いにコミュニケートするというのは、情報ネットワークの発達した現代においては、当たり前のこととなりつつある。生身の身体でのフェイス・トゥ・フェイスのやりとりの機会は減少し、抽象化されたデータの集積と分析をふまえた交渉が増大していく。

ここ数年で発達したソーシャルネットワークは、こうした交渉の場だといえよう。ツイッターがいい例である。これを使うなら、たとえ初対面の人であっても、断片的な文章をたよりに、相手の行動にかんする情報を集積し、分析すれば、おおよそどういう人物であるかを特定することも可能だ。

ここで人々が享受するのは、プライヴァシーの消滅と引き換えにして安全になることを可能

＊2　大屋雄裕『自由とは何か　監視社会と「個人」の消滅』ちくま新書、二〇〇七年、一一〇頁。
＊3　デイヴィッド・ライアン『監視社会』河村一郎訳、青土社、二〇〇二年。

にしてくれる、諸々の装置の集積である。ジョルジョ・アガンベンは、「装置について」という論考で、装置をこのように定義する。「生きものたちの身振り・操行・臆見・言説を捕捉・指導・規定・遮断・鋳造・制御・安全化する能力をもつすべてのものである」[*4]、と。そこには、監獄、精神病院、学校、工場だけでなく、コンピューターやウェブ、携帯電話も含まれている。監視カメラもそうだ。

アガンベンはいう。「今日では、個人の生において、何らかの装置の鋳造・汚染・制御も受けていないような瞬間はない」[*5]。たしかに私たちは、コンビニエンスストアで買い物をしているとき、監視カメラで撮影されていても、何も気にしなくなっている。ネットを利用し他人と連絡をとりあうだけでなく、個人情報をネットワークに晒し合い、共有するのを当たり前のこととして享受している。

公的領域は、さまざまな個人情報が行き交い、集積され、分析される場へと変容しつつある。パソコンがあればそこへのアクセスは可能であり、だからこそ、かならずしも現実に出会い、会話する場に参加しなくても、ウェブ上につくられていく世界において他者と情報交換し、意思疎通すれば、それで十分ということもありうる。実際に人と長い間会っていなくても、どういうわけか近況（いつどこで何を食べたかなど）を互いに知っているということもあるだろう。

この状況に対し、何か異論を唱えるべきであるかと聞かれたとき、いうべきことはあるだろうか。装置が増加するのにともない、生活は、安全になり、快適になり、便利になっている。プライヴァシーの消滅というが、この状況下でなおも保持するのに値するプライヴァシーなどありうるのか、こう考える人もいるかもしれない。たとえば、都会に暮らす独居老人の孤独死にたいするありうべき解決策として、大屋はこう提言する。

老人が一人で死んでいくことが問題だというのなら、一人で居させないようにすればいいのだ。たとえば巨大な体育館のような施設で集団居住させるのはどうだろうか。あるいは昔なにかのバラエティ番組で観たように、四方がすべてガラス素通しの家で生活するという方法もあるだろう。[*6]

たしかに、老人が倒れ、誰にも気づかれぬままに死ぬというリスクは、これにより縮減可能と考えることもできる（そのためには、死にそうになった状態にある老人の窮状をみるにみかねて助けよ

*4　ジョルジョ・アガンベン「装置とは何か?」高桑和巳訳、『現代思想』二〇〇六年六月号、八九頁。
*5　同、九〇頁。
*6　大屋雄裕『自由とは何か』一四五頁。

うと思う人が周囲にいるということを条件とするのだが）。だが、そういったリスクの抑止のために作り出されるこのプライヴァシーゼロの状況は、はたして、生活を存続させていくための条件となりうるか。

私的な領域がこうもあからさまに開示されていく風潮を、どう考えたらいいのか。ハンナ・アーレントは、『暗い時代の人々』で、ハイデガーの『存在と時間』に依拠してこう述べる。

人間存在についてかれの描くところによれば、現実的もしくは真正なものはすべて公的領域から抗しがたく生ずる「空話」の圧倒的な力によってうちのめされ、こうした「空話」が日常的存在のあらゆる局面を支配し、未来がもたらすあらゆる事物の意味あるいは無意味を予期したり、拒否したりしているのである。[*7]

現代において、公的領域は、情報という空話の支配する領域へと変質している。情報を参照し、私たちはみずからの行動を定めている。起こりうる出来事は、すべて情報によって予見され、危険とみなされるならば、除去され排除されることになる。そして情報の支配のもとで、本来は情報化されえず、隠されていてしかるべきはずのことが明るみに出されることへの無感覚および無配慮が、進行する。

だがこれは、私的なものの危機の一側面にすぎない。プライヴァシーという意味での私的なものだけでなく、人が暮らし、助け合い、育て、介護するといった領域という意味での私的なものも、維持し確保していくことの難しいものとなりつつある。それもやはり、公的領域の変質と関係があるが、この場合、公的領域は、むしろ縮小し、私的領域から撤退するというようにして変質していく。

こうした意味での私的なものの困難は、ときに虐待事件となって顕在化する。これは、母性の欠如や心の闇といった解釈図式では説明できない。子供、親、祖父母といった複数の世代にまたがる複数の人間が共に暮らしていく領域としての私的なものが維持しえず、破綻しつつあったことの帰結として、こうした事件が起こる、このように考えることができないか。

セイラ・ベンハビブは、アーレントの議論が、公的なものと私的なものの相互関係と、私的なものの重要性を考えるものであったと述べている。私的なものは、単純に公的世界の外部に位置するというだけでなく、「個人を保護し、育み、公的領域に現われるのにふさわしいものにする空間をもたらす」。この領域についてベンハビブは、核家族的な家父長的モデルと一致するとはかぎらないという。そこには母子家庭や父子家庭もあるだろうし、複数の成人男性、複数

*7　ハンナ・アーレント『暗い時代の人々』阿部齊訳、ちくま学芸文庫、二〇〇五年、九頁。

の成人女性が同居する形態もあるだろう。人が複数で暮らし、協力し、育みあう、このような生活の場をベンハビブは私的領域と呼ぶのだが、この領域も、複数的でありさまざまな交渉の生じる場であるかぎりでは、公的領域とおなじく、自然なままでは成り立ちえず、つくり、維持しようとする努力を要する領域である。[*8]

私的領域は、孤立し無視された状態では、存続し得ない。私的領域は、その存立のために、公的領域との接点を必要とする。

現代の日本では、このような接点をつくるのがむずかしくなっている。それは、私的領域の維持存続の困難を要因とする事件が多々起こっていることに、現われているといえないか。二〇〇六年に秋田県藤里町で起こった二幼児殺害事件も、そうしたことを推察させる出来事であった。その現場がどういうところであったかについて、鎌田慧はこう記している。「山里のたった二八戸の住宅地。核家族がほとんどで、普段はさほどのつきあいがなかった。とりわけ主人公のシングルマザーは、まったく隣人たちとかかわりがなかった」[*9]。

この状況において、子育ては可能か。子どもを含み持つ関係性の構築と維持は、はたして可能か。一人で二人の子を育てなくてはならない。仕事をどうするか、育児をどうするか、こうしたことを考えると、一人ではやはりむずかしい。だが、孤立、関係性の希薄化という時代状況は、その困難を強いてくる。「一人で自立してやれ」というのは、あまりにも酷だ。それに耐えきれず子供を殺させられたということは、この事件の女性にもあてはまるのではないだろうか。[*10]

こうしてみると、私たちがこれまでに生き、今もなお生きているのは、公共性の衰退というのでは捉えがたい、いっそう厳しい状況のように思われてくる。

そもそもが、みなが私的領域へと撤退し、公的領域が放擲され、荒れ果てていくというイメージは、現代においては適切でない。公共性は、開示力＝監視力を高め、ウェブの発達とともに、コミュニケーション領域を拡張し、充実させている。つながりの領域は、機会は、遍在している。自室に独りでこもっていても、パソコンや携帯電話をつかって他者と交流することができる。そのかぎりでは、公共性は衰退どころか発展を遂げている。

だが、公共領域は、監視力を高めつつあるのと裏腹に、養育の場としての私的領域から撤退している。私的領域は、プライヴァシーという側面にかぎっていえばますます外へと開示され、情報ネットワークへと晒され、ソーシャルネットワークというつながりの場へと絡めとられて

＊8 Seyla Benhabib, *The Reluctant Modernism of Hannah Arendt*, New York: Rowman & Littlefield Publishers, 2003, 211-215.

＊9 鎌田慧『橋の上の「殺意」』平凡社、二〇〇九年、一三頁。

＊10 藤里町の事件については矢部史郎が『原子力都市』で論じているのでこちらも参照されたい（矢部史郎『原子力都市』以文社、二〇一〇年、一四九―一五三頁）。

いくが、子育てや介護といった生活の場という側面においては、破綻し、壊れうる状態のままに放置されている。

しかもこの破綻は、公的機関の介入による予防措置(監視)の強化と法的処罰と同時的に進行する。これは、セイフティネットの削減と裏腹である。つまり、公的なものは私的領域に対し、見放しつつ介入する、というわけだ。美馬達哉がいうように、「十分な福祉や援助を提供しない国家が、正当に批判されることなく、虐待という悪や犯罪と闘う正義の味方として表象される」[*11]ということもあるだろう。

さらに、私的領域で何かとんでもない事態が起こっても、それが事件となって表面化するまで誰にも気づかれないといった意味での無関心の蔓延という問題がある。この無関心が、国家による犯罪化、厳罰主義の賞賛を後押しする。メディアによるバッシングも、この無関心に支えられている。子殺しをした母親にたいするバッシング報道は、まったく世から見放されていた女を鬼母として晒し者にするが、これに注目が集まるのは、女の窮状に対する憐れみのような感情からではなく、基本的にはどうでもいいどこかの誰かが事件を起こしたことにたいする、覗き見的な関心である。

「開かれた公共性」の陥穽

一九九〇年代の公共性をめぐる議論では、こういった変容は、あまり論じられることがなかった。そこでの主要な問題は、開かれた公共性はいかにして可能か、というものであった。それは、私的領域に閉じこもっている状態にたいする批判であり、同質的な共同体に閉塞していることへの批判であった。問題なのは閉じていることであり、それをいかにして開くかを考えなくてはならない、というわけだ。

九〇年代後半においては、閉塞や他者性の不在を問題化する議論が展開されたが、それは主として、ナショナリズム的な言説の横行にたいする批判であった。ナショナリズムは排除的であり、他者への侮蔑、無関心を隠し持つ、というわけだ。高橋哲哉が述べていたように、排除的なナショナリズムの台頭は、一九九九年の国会での、日本国家の閉塞性、排除性、一体化への圧力を強化する一連の法案（「日米防衛協力に関する新ガイドライン」関連法、国旗・国家法、通信傍受（盗聴）法、改正住民基本台帳、憲法調査会設置法など）の可決を準備したものとして捉えることもできるだろう。[*12]

つまり、ナショナリズム批判は、排除性、閉鎖性の高まりを問題化するものであった。それ

*11　美馬達哉「青ざめた芝」『現代思想』二〇〇七年九月号、一六八頁。
*12　高橋哲哉『戦後責任論』講談社学術文庫、二〇〇五年、九頁。

と連動したのが、公共性をめぐる論争である。齋藤純一は、公共性の定義をめぐっての対立が、誰にたいしてであれ開かれているという意味と、国民共同体という意味とでのあいだに起きたと指摘している。[*13] 前者の意味で公共性を捉えようとする立場からすれば、後者の、ナショナリズム的な意味での公共性の再生は、けっして喜ばしい事態ではない。これに対抗するためには、公共性は開かれたものであるという議論を展開するというだけでなく、実際に、開かれた公共性という理念を具現化した場の創出にむけた働きかけを行なうべきということになる。

たしかに、ナショナリズムの高まりを、排除性、閉鎖性の高まりと捉えることは可能であるといえるかもしれない。だが、こういったナショナリズムに対し、ただ開かれた公共性の理念を提示することは、批判として、適切だろうか。

そもそもが、閉じるとはどういうことであるか。それを、開かれていた状態が閉じていくこととして捉えるとするなら、九〇年代の排除性の高まりは、それ以前よりも開放性の度合いが低減したことの問題であるということになろう。

とはいえ、そういった見方は、かならずしも適切なものとはいいがたい。花崎皋平が示唆するように、日本において閉じた状態は、戦後以来ずっと、意識されることなしに生きられてきた。

戦後の「日本人」意識は、植民地を失った分だけ収縮し、近代の歴史が始まる前の国境の内側にもどったことも作用して、戦前よりもむしろ内向きになり、古来からの自然的な集団という虚構の観念によりすがったものになった。過去の超国家主義は、内向きに仕立て直された「国内消費用」ナショナリズムに姿を変えて命脈を保った。そしてその批判的に吟味されないままの「日本人」意識が、他民族、他国民、とりわけ植民地支配した国、地域の民族との関係を受けとめることのできる意識の形成を阻んできた。[*14]

この閉塞性、排除性は、たしかに、開かれていく運動性の正反対の状態である。だが、開かれていくからといって、それが他者との共生、相互性へと向かうとはかぎらず、支配し、抑圧する、帝国主義的な運動にもなる。こういった「開かれた」ナショナリズムが反転し、内向きに凝固したのが、戦後の日本ナショナリズムである。これは、国家への奉仕を強制するというよりはむしろ、私的安楽主義とも親和的な、「私たち日本人」という曖昧な心情に根ざしている。

となると、排除的な日本ナショナリズムは、九〇年代に特有のこととはいえなくなる。それ

＊13　齋藤純一『公共性』岩波書店、二〇〇〇年、二―三頁。
＊14　花崎皋平『〈共生〉への触発』みすず書房、二〇〇二年、五一頁。

は大々的に話題とされることはなくても、自然なこととして、戦後において一貫して生きられてきた。

ならば、なにゆえに九〇年代になってナショナリズムの重要性が説かれ、あるいはその台頭が危惧されるようになったのか。それは、冷戦の終焉と関係がある。内向きの凝固、外の世界への無関心、無感覚は、みずからを米国の庇護のもとに置き、反共というアイデンティティを下支えとすることによって、維持されてきた。これが八〇年代の末から九〇年代にかけて瓦解するのにともなって、無意識に生きられてきたナショナリズムが表面化する。つまりそれは、反共というアイデンティティを失った結果、内向きに凝固した状態を維持することのむずかしくなった反動として、顕著になったといえるのではないか。

ちなみに、高橋哲哉の論争相手であった加藤典洋は、従来のナショナルな共同体とは別の共同体を立ち上げるべきだと主張したが、その根拠とされたのは、「わたし達という単位がいま、わたし達の手にない」という感覚であった。[*15] 往々にしてこの感覚は、高度成長による産業化の結果、伝統的な生活様式が希薄化したというようにして説明されるが、こうした議論においては、冷戦下での国内消費向けナショナリズムの存続が見落されている。じつは、九〇年代において失われた「わたし達という単位」は、伝統的な生活様式というよりはむしろ、冷戦下での無意識的なナショナリズムであったと考える必要があるのではないか。冷戦の終焉にともなう国際環境の変動ゆえに、従来型のナショナリズムが維持しがたくなり、別のナショナリズム形式が求められるようになった結果、現れてきたと考えることができるだろう。

ナショナリズムの台頭は、開かれていたものが閉じたというのでは、捉えられない。閉じた状態が維持しがたくなったところに、現れてきたものである。さらにいうなら、冷戦下では安定的に享受できた閉じた状態――および、これを条件とする高度成長――にしがみつこうとし、動けなくなっているところに、現れてきたものである。であるがゆえに、ナショナリズムを閉じたものと捉え、それに開かれた公共性を対置しても、根本問題が見過ごされてしまう。閉じていることを問題化するのではなく、閉じた状態をなおも求めてしまうこと、日常として生きられてきた閉じた状態から抜け出すことができず、動けなくなっていることを問題化すべきであった。

ところで九〇年代には、ボランティア活動が活発化した。日本では、九五年の阪神淡路大震災を画期として、いっそう広まったといわれているが、これについても、産業社会化の進展にともない寄る辺なさ、孤立感、疎外感が深まり、開かれた、つながりの空間へという欲求が高まってきたこととの関連で、議論された。

*15 加藤典洋『敗戦後論』ちくま文庫、二〇〇五年、五八頁。

金子郁容は、一九九二年に刊行された著書『ボランティア』のなかで、現代社会をこう認識する。そこでは、金融、産業、公共サービス、行政・官僚システムなど、個々人から疎遠なところに成り立っている巨大システムが支配している。このシステムのもとで、個々人は分断され、お互いに疎遠であると感じている。「みながそれら巨大システムに依存しているという意味では、われわれは確かに相互に結ばれているのであるが、その結びつきはきわめて間接的であり、実感が伴うものではない」[*16]。

金子は、ボランティア活動を、巨大システム下での結びつきの間接性、抽象性、閉塞状況を打開していく潜在力を秘めたものとして評価する。巨大システムの支配と、個々人の分断は、当のシステムの転覆によってはなしえない。それを内側から、分断をつながりへとつくりかえていく個々人の地道な努力によって克服していくことを要するのだが、これを可能にするのがボランティアだ、というわけだ。「ボランティアは、お互いから切り離された人々を新たに結び直し、人々が「鉄の檻」をすっかり打破できないまでも、外の空気を吸うための突破口を作ることを可能にする、一つ、ちいさな、しかし、力強い手がかりになるのではないかと、私は、そんなふうに考えているのだ」[*17]。金子は、世の風潮を閉塞感が高まっていく状況と捉え、そこからの脱却を、開くこと、つなぐことに求めている。開かれた公共性という理念からいっても、これは肯定すべき事態であるということになろう。

ボランティア活動の活発化を開かれた公共性の実現と捉える議論においては、こうした活動が存在するということ自体が肯定的に捉えられている。外に出て、多くの人と関わり、開かれた公共空間を活性化させていくこと自体が、世の閉塞、停滞を、打破するだろう、というように。

だが、ボランティア活動の活発化を、開かれた公共性の実現と捉え、これが現状を変革するといった見解について、かならずしも、肯定的ではない議論もある。たとえば道場親信は、参加やパートナーシップといった標語のもと、NPO団体が多数形成されていく風潮において起こった事態を、市民概念の転換として把握する。市民からは、伝統や権威に対する批判的対峙の姿勢が失われ、「予定調和的に行政や企業と協働するものとあらかじめ位置づけられてしまっている」。開かれた関係性、つながりというものの形成は、じつのところ、現状追認的なネットワーク形成に向かっているだけではないのか、というわけだ。[*18]

たしかに、金子が問題化した巨大システムは、ボランティア的なつながりによってではなく、冷戦後の、ネオリベラリズム改革によって解体され、再編されていったと考えることもできるだろう。そのかぎりでは、道場が指摘するように、ボランティア的なつながりが形成されてい

---

*16 金子郁容『ボランティア』岩波新書、一九九二年、六九頁。
*17 同、八四頁。
*18 道場信親『抵抗の同時代史』二〇〇六―二〇七頁。

く状況にあって実際のところ起こっていたのは、ネオリベラリズムのもとでの社会システムの改変に適合的な関係形式の成立でしかなかったといえるかもしれない。

中野敏男は、ボランティアという生き方が推奨された風潮を、こう把握する。それは、「現状とは別様なあり方を求めて行動しようとする諸個人を捉えて、その行動を現状の社会システムに適合的なように水路づける方策」である。そこで「諸個人は、まず「何かをしたい」とだけ意志する「主体＝自発性」として承認される。これにより、現状においても別様でもありうると「自由の可能性を知覚しつつあった個人は、現状を離れて抽象的に意志する「ボランティア主体」になる」[*19]。「何かをしたい」と意志することは承認されるが、その「何か」の内実は、生きていて感じとられる痛みや悩みの内実を直視するところから内発的に獲得されるのではなく、そういった現状を離れたところから、外発的に付与されるものでしかない。

であるがゆえに、現状において別様でありたいという意志は、結局は現状を変革していく意志へと展開されることがない。そういう意志を、外からコントロールする枠組みが、ボランティア的なネットワークである。となると、開かれた公共性の理念は、開かれた空間に出たい、何かをしたいという欲求を外在的にコントロールし、行政や企業のもとでの協働へと導くことを正当化する理念として、機能しうるということになる。

抽象化と停滞

たしかに、ナショナリズムとボランティアは、九〇年代に特有の現象だったといえるかもしれない。「われわれ」意識と、外へと出て何かをしたいという欲求が、同じ時期に高まっていった。開かれた公共性という議論は、まさにこの状況を背景とするものだった。齋藤純一は、公共性を、「開かれている」「複数の価値観を許容する」「差異を条件とする」「複数集団への多元的帰属を許容する」ものとして概念化するが[*20]、これなどはまさしく、排除的な「われわれ」意識の高まりに対する批判であると同時に、ボランティア組織のような「つながり」が増殖していく状況に適合するものだったといえるだろう。

しかしながら、生活という組織体の失調という本書の関心からすると、これらの現象は、あくまでも表層に現れただけの問題だったと考える必要があるのではないか。「われわれ」や「つながり」への欲求は、生活という組織体が綻び、集団的な生活様式が壊れ、孤立を強いられていく状況に対する反動として生じたものと考えることができるのではないか。これらの欲求は、

＊19　中野敏男『大塚久雄と丸山眞男　動員、主体、戦争責任』青土社、二〇〇一年、二八〇―二八一頁。
＊20　齋藤純一『公共性』岩波書店、二〇〇〇年、五―六頁。

「われわれ」の希薄化や閉塞というようにして捉えられた現象に対する反作用として生じただけのものである、というように。そうであるなら、公共性をめぐる議論において問題化されたのは、結局のところ、生活の失調そのものというよりはむしろ、それに対する反作用としての現象だったということになる。

ナショナリズム感情の高まりにおいて問題とすべきは、その排除性、他者性の欠如だけでなく、この感情を引き起こしてしまう状況の深層で起こっていることではないか。集団的な生活様式の解体は、排除性の高まりや他者性の欠如ゆえに進行しているのではない。むしろ逆である。公共性の概念は、排除性や他者性の欠如といったことについては一応の説明はできても、それを引き起こしてしまう状況については考察できない。この状況は、ただ公共性の衰退ゆえにもたらされたのではない。公共性という領域区分の外側——これはもう、公的とも私的ともつかぬ、生活の領域としかいいようのないところ——で、何かが作動しなくなり、失調してしまうことにより、引き起こされたものである。

そうしたことが、公共性をめぐる議論では、適切に問われてこなかった。公共性を問うとしたら、それが開かれているかどうかという観点よりは、むしろ、生活の失調という状況においてそれがどのように作動しているかという観点が必要だったのではないか。公的なものは、われわれ意識やつながり欲求の高まりとは別のところで、変質しつつある。この変質を、生活の失調との関連で、捉える必要があったのではないか。

それでは、生活世界の失調の兆候は、どのようなところに現れていたのか。

朝倉喬司は、一九九七年に神戸で起こった、当時一四歳だった少年による連続殺傷事件について、興味深いことを述べている。朝倉も、この事件に、世の激動の兆候を感知したのだが、出来事の重みを、世の底流の一端を垣間見せるものとして捉える。「「人間」にまつわる経験の逆転、というより、経験の不能」という状況を如実に反映してしまった事件として、把握しようとするのだ。

女児を刺した感触を「まるで粘土のよう」だったと少年は書いている。
私はこれとよく似た述懐を、あるヤクザから聞かされたことがある。彼は若いとき、ケンカではじめて人を刺したとき、その余りの手ごたえのなさに
「えっ、人間ってこんなに柔らかいものなのか」
と思ったというのである。彼はつづけて
「まるでコンニャクさしたみたいだった」
といった。
少年Aもきっと、同じような感じに

「!」

となったのだろう。

が、ヤクザの場合は、刺したのはあくまで、自分にむかってきた、個別具体的なケンカの相手である。「え!」となって、そこではじめて「人間って」と、一般的、抽象的な人間が出てくる。自分の行為によって思い知らされた、これは「人間」である。別のいい方をすれば経験にガチガチに組み込まれた「人間」。彼が生きることの、あくまで同一地平に現れた「人間」である。

ところが少年Aの場合は、「人間」はもうのっけから、一般化、抽象化の、大波のような洗礼をうけて、彼の前に現れている。自分が具体的に生きて在ることの外側に、その具体性に背を向けるような形で。[*21]

神戸のニュータウンで育った少年にとって、世界は、一般化され抽象化されたものとして存在している。そこに暮らしている人間も同じく、一般化され抽象化されたものとして、生きている。そこでの生活も、一般化され抽象化された、具体性を欠落させたものとして、生きられることになる。

朝倉は、この殺傷事件を、少年が生きていた状況の具体性のなさを露呈させたものとして捉える。そしてそれは、じつは私たちが生きていた、「「人間」にまつわる経験の逆転」という状況を露呈させただけではなかったかと、朝倉は述べる。

「少年Aの起こした事件にあれだけ世の中がざわめいたのは、その様相の凄惨さもさることながら、根底的には、この逆転、ないし不能の気分を、人びとがうっすらと感じたからだと思う」[*22]。すなわち、私たちもこの状況を生きているし、それがどことなくおかしいのではないかと感じている。だが、日々私たちはこれをおかしいこととして感じないようにしている。少年はこれにまともに反応し、そこから抜け出す道を模索したのだが、無差別殺傷というかたちで暴発してしまった、このように考えることができないか、というわけだ。

そしてこの抽象化が推し進められるのと軌を一にして、世の先行きが、見えなくなっていく。漠然と、未来が奪われているという感覚が、強まっていく。この瞬間の次を想像しようにも、何も頭に思い浮かばない、そういう感覚である。朝倉はいう。

何ごとかをたえず克服し、のりこえ、次に私たちに新しい地平をもたらす。と、おおむねそのように流れているはずだった「時間」が、淀んだり、横滑りしてみたり、私たちの前方へ

＊21　朝倉喬司『少年Aの犯罪プラスα』現代書館、一九九八年、四〇―四一頁。
＊22　同、四一頁。

の「推力」のようには、どうにも感じられなくなっている。[*23]

この淀み、推力の衰微は、もちろん、神戸の少年犯罪によって引き起こされたのではない。それは、とりわけ一九九〇年代あたりから強く感じられるようになった時代経験として、考えてみる必要がある。朝倉が述べているように、少年犯罪は、推力を失っていく状況に対する反応の一つと捉えるべきだろう。

朝倉の議論が興味深いのは、九〇年代あたりの時代経験を、抽象化の波に呑み込まれていくこととして捉えたからではない。抽象化、具体性の欠如は、高度経済成長期にはもう論じられていた事態であって、九〇年代においては、とりたてて論じるまでもない、当然の前提となっていた。重要なのは、時間が淀み、前方へとむかう推力が衰微しつつつあるのではないかという指摘のほうである。

私たちは、抽象化＝具体性の欠如が徹底化されて行き着くところまで行き着いてしまっただけでなく、それにともない、その先が展望できなくなってしまった状況を生きるようになっている。しかしながら、抽象化され、具体性を欠いた状況に馴れてしまった身体と思考の持ち主には、この状況が綻び壊れるなどということは想定しえない事態である。であるがゆえに、抽象化、画一化は、いつまでも終わることなく存続してくれたほうがいい。それはかならずしも苦痛ではない。苦痛であるのはむしろ、抽象化された生活世界はいつまでも続くわけではなく、いつかは終わるのではないか、しかも、その終わりは、それほど遠い先のことではないのではないか、終わったとしたらいったいどうしたらいいのかという不安に苛まれることのほうである。

抽象化、画一化された世界が心地よいのは、そこに身をおくかぎり、この不安を感じなくてすむからだ。それゆえに、この抽象化、画一化では覆い尽くせぬ領域が出現し、そこに身をおかざるをえなくなっても、人は依然として、抽象化され画一化された生活世界の心地よさを渇望し、しがみつこうとするだろう。それでも、生活という組織体の綻び、解体が、抽象化、画一化では対処しがたいほどにまで進行しつつあるのだとしたら、どうだろうか。この綻び、解体をこそ、問題化する必要があるのではないか。

だが、朝倉が示唆するように、時代は推力を失いつつあった。それはつまり、抽象化、画一化に絡めとられていたために、その果てに起こりうる、綻び、解体に備えた思考を始めることが難しくなっていた、ということでもある。

「われわれ」意識や「つながり」欲求の高まりは、抽象化と画一化にたいする反発であり、そこから逃れたいという願望だったといえるだろう。結局のところ、それらは、抽象化と画一化

＊23　同、二五六―二五七頁。

が基本的な生活経験であることを認めたうえでの反発であった。であるがゆえに、こうした意識と欲求を背景とする公共性をめぐる議論も、抽象化と画一化という表象を対象とするものにしかならず、その底流をなす、生活の失調を問題化するところまで進まなかった。

アソシエーションと公共性

生活世界の抽象化と画一化は、資本主義化の問題として、論じられてきた。柄谷行人が一九九〇年代から試みているアソシエーションにかんする考察も、それのひとつといえるだろう。アソシエーションの構想は、おもに『トランスクリティーク』で詳細に述べられている。[*24] 柄谷は、市場経済の浸透にともない、人間の社会的関係が、商品交換を基礎とする関係性へと作り替えられてきたことを問題化する。商品交換の優位は、資本制という、人間の理性的制御や国家的な強制によっては統御しえない自己増殖の運動に根ざしている。柄谷のみるところ、この自己増殖の運動に働きかけ、対抗しないかぎり、商品交換を基礎とする関係性からの脱却は不可能である。

そこで柄谷が提唱するのが、アソシエーション的な交換形式であり、それに根ざした関係性である。これを広めることにより、商品化された関係性とは違うやり方で暮らすことも可能になる、というわけだ。

アソシエーション的な関係性の拡大によって、商品化された関係性に対抗するという構想は、現状のままではいけないと思う人々にとっては、たしかに救いと思われたかもしれない。柄谷の議論は、抽象化、画一化がすすみ、推力をうしなっていく状況を総体的に把握した、強力な理論的な仮説であり、対抗運動はアソシエーション的でなければならないということを、経験論的な立場からではなく、思いつきでもなく、理論的に考えるという立場から導き出そうとするものだからだ。

しかしながら、柄谷の議論は、生活世界の綻び、解体という状況を捉えたものではない。商品交換という関係性の浸透は、それとは別にありうる交換関係（互酬、暴力的な強奪と再分配）を圧倒し、優勢になっていくこととして把握されている。そこで問題化されるのは、資本制が盤石であるなら商品交換に立脚した関係性を生きるしかなくなるという状態の閉塞性である。しかし、生活という組織体が、この関係性の浸透のもとでその基礎を失いうるということは、じつは問題化されていない。商品交換は、それが起こる場を必要とするが、その場がいかなるものとして成立するかで、生活世界のあり方はなんらかの改変をうけ、たとえそこに互酬的な関

＊24　柄谷行人『トランスクリティーク』岩波現代文庫、二〇一〇年。

係形式をつくったとしても、それがほとんど機能しないほどにまで、生活の基盤が失調している状況がありうることが、問題化されていない。

こういった観点から、商品交換に対抗的なアソシエーションという構想について、批判的に検討しておく必要がある。というのも、このアソシエーションは、つまるところは商品化が進んでいくということに対する対抗でしかなく、生活という組織体の綻び、解体への問いにまで到達するものではないように思われるからだ。

柄谷は、アソシエーションが「それぞれの次元の自立性を認めつつ、したがってまた、諸個人のそれらへの多重的所属を認めつつ、それら多数次元を綜合するようなセミラティス型システムとして組織されなければならない」[*25]という。つまり、資本への対抗運動としてのアソシエーションは、ある種の国家のようなシステムとして組織化されねばならない。商品交換の論理が優位な状況下でアソシエーションを局所的に立ち上げても、いずれはまた、商品交換の論理へと組み入れられてしまう。その局所性、散発性を回避するためにも、中央集権的ではない組織というシステムが必要である、というわけだ。

ここで疑問に思うのは、このシステムは、生活の失調、その組織体の綻びという事態に対しどういう関係にあるのか、ということである。それを考えるうえで示唆的なのは、柄谷が日本でアソシエーションを組織化することの難しさを論じるとき、公共的なものへの無関心という観点を提示していることである。

柄谷は、二〇〇六年の論考である「丸山眞男とアソシエーショニズム」で、公的なものにたいする無関心と、私的なものへの没入を、日本に固有のこととして、問題化している。

日本人はほとんど政治的意見や思想的意見をもたない。ただ、話題がインテリアとかファッションのような「「家」の内部の生活をより豊富にし得ること」になると、異様なほどに洗練を示し、且つ雄弁になる。[*26]

公的なものへの無関心は、「デモがないこと」に現れている。柄谷がいうには、代表議会制度では表明しえない意志を、直接的に、集団的に表明するのがデモであるが、そういった行動の不在が、日本においては顕著である。柄谷は、丸山眞男の考察（「個人析出のさまざまなパターン」）に依拠しつつ、日本では、私化した個人が多数派であるという。「関心が私的な事柄に局限される」、「隠遁性向」をもつ個人である。この状態は、自立化した個人のタイプと対照的である。「自立化タイプは市民的自由の制度的保障に関心をもち、地方自治に熱心である」。つまり、自

＊25　同、四五三—四五四頁。
＊26　柄谷行人「丸山眞男とアソシエーショニズム」『思想』二〇〇六年八月号、六一頁。

立化した個人とは、公共的なものに関心をもちつつ、そこに埋没することのない個をも確立することの可能な個人である。[*27]

アソシエーションは、このような自立した個人、公共的な個人の確立を前提とする。このような個人があってこそ、商品交換型の関係性とは異質な互酬的な関係性が可能になり、それに根ざした組織体が可能になる、というわけだ。

このような議論は、一九九〇年代におこなわれた公共性をめぐる議論と、実のところさしてかかわりがないのではないか。たしかに柄谷は、アソシエーションの必要性を、資本制への対抗という観点から導き出した。だが、結果として導き出されたアソシエーションの特性は、開かれた公共性の特性と、形式的には同じではないのか（この問題については後の章であらためて論じる）。

分子的領域の失調

本章で論じたのは、公共性という問題設定そのものを問い直す必要がある、ということである。私的領域への埋没や公的なものへの無関心が公的領域を衰退させるという構図では捉えられない次元にまで立ち入ることのできる思考方法を模索する必要があるのではないか。公共性をめぐる問題の立て方を見直す必要がある。それを、生活の綻び、解体という観点から、考えてみる必要がある。

ここで参考になるのは、ドゥルーズ＝ガタリがガブリエル・タルドの議論に依拠して提示した、集団表象と分子的領域にかんする区別である。[*28] 集団表象は、象徴的な秩序である。これは、個々人を包括し、それらの上位に位置する集団──社会、国家、共同体など──という組織形態をとる。これに対し、分子的領域は、信念と欲望という、情動的なものにかかわっている。村

＊27　同、六三頁。丸山眞男の議論にかんして、柄谷は、私化した個人と自立した個人の対比に関する考察に着目するが、じつは丸山は、私化した個人とは別に、原子化した個人のタイプというものを挙げている。それは、「過政治と完全な無関心」のあいだを往還するタイプである。「原子化した個人は、ふつう公共の問題に対して無関心であるが、往々ほかならぬこの無関心が突如としてファナティックな政治参加に転化することがある。孤独と不安を逃れようと焦るまさにそのゆえに、このタイプは権威主義的リーダーシップに完全に帰依し、また国民共同体・人種文化の永遠不滅性といった観念に表現される神秘的「全体」のうちに没入する傾向をもつのである」（丸山眞男「個人析出のさまざまなパターン」『丸山眞男集第九巻』岩波書店、一九九六年、三八五頁）。そうしてみると、デモがどのようなものであるかは、ただそれが私化（無関心）状態から脱却しているかどうかという観点からだけでなく、過政治としてのファナティシズムとどれほどに違っているかという観点からも、捉えられるべきということになろう。かりに過政治的なもの（つまり、原子化した個人の集合体）でしかないばあい、それもまた生活の実情から乖離した、集団的な熱狂にしかならないのではないか。

＊28　ジル・ドゥルーズ＝フェリックス・ガタリ『千のプラトー（中）』宇野邦一他訳、河出文庫、二〇一〇年、一一七─一一九頁。

澤真保呂によれば、タルドのいう信念と欲望は、結合と拡大の原理である。「欲望は、それぞれの個体が自己を拡大する力である。また信念は、それらに結合をもたらし、その結合を維持する力である」[*29]。

この領域では、信念と欲望の流れが波及し、ときに対立し、接合し、連結していく。この波及と対立と接合と連結の流れにおいてなんらかの集団が形成されるが、この集団は、集団表象の水準で形成され把握される集団とは区別される。「われわれ」と「われわれならぬもの」の二項的区分をともなうなんらかの同一性を基礎として成り立ち、個々人を包括する集団とは違い、信念と欲望の流れにおいて形成される集団は、群衆的な集団である。小さな模倣、対立、創意が無数に生まれ、それが付加され、結合され、複合するというようにして構成され、拡大していく、運動体としての集団である。

生活の破綻、解体は、このような流れにおいて形成される集団性にかかわる事態として、把握できるのではないか。生活が破綻をきたすのは、信念と欲望の波及、接合、連結という、構成にかかわる運動性が、なんらかの要因ゆえに失調し、停滞するときではないのか。

公的なものの変容も、この運動性の領域との関連で、把握できるのではないか。公的なものは、人々の生活とのかかわりにおいて、監視し、プライヴァシーを侵蝕していく領域へと変容しつつある。情報ネットワークというヴァーチャルな相互性の領域は、生活が営まれている具体的な場所から遊離したところで拡大するが、そこで人々のやりとりが盛んになるのと比例して、生の現場でのやりとりの密度は低下していく。そうした場合に実際のところ起こっているのは、信念と欲望の波及と接合と連結の失調であり、停滞である。情報ネットワークの拡大は、信念と欲望の波及と接合と連結、構成と拡大という運動性を、一見活性化させるように見せて、実際はそれを絡めとり、硬直化させることもある事態として、捉えることができるのではないか。

さらに、公的なものは、人々の暮らしを支え、援助するものではなくなりつつある。私的領域から撤退し、それを放置するものへと変容しつつある。しかもこうして放置された状態にある私的領域は、潜在的に何かよからぬ出来事の起こりうる領域とみなされ、監視される。表面上、何も起こらないなら放置されるが、虐待などが起こるやただちに介入され、処罰される。この介入、処罰は、分子的領域としての生活の場の失調の回復を手助けしうるものであろうか。問題なのは、公的なもののこうした変容が、生活の綻び、解体という状況において起こっている、ということだ。それは、開かれた公共性という理念を参照することでは、把握できない。

*29　村澤真保呂「訳者解説：増殖するミクロコスモス　タルドの社会学構想をめぐって」ガブリエル・タルド『社会法則／モナド論と社会学』村澤真保呂・信友建志訳、河出書房新社、二〇〇八年、二四〇頁。

公的領域が、監視と介入、放置の領域へと変容するということは、「われわれ」意識や「つながり」欲求の高まりと、区別して把握しておく必要がある。上記の区分に従うなら、前者は、分子的領域の失調と関わりのある事態であるのに対し、後者は、集団表象の水準で起こる事態である。「われわれ」意識や「つながり」欲求の深層には、分子的領域の失調がある。「われわれ」の不在や「つながり」の希薄化は、この深層で起こりつつある事態のマクロ的な表象でしかない。ここに拘泥するならば、深層の事態は捉えられなくなってしまう。

問うべきは、失調し、壊れうる生活という組織体をいかにして織り成すか、である。つまり、信念と欲望の波及と接合と連結、構成と拡大という運動性の領域が失調し、停滞している状態をいかにして打開するか、である。これは、個人の確立や公的なものへの関心の回復といった集団表象にかかわることとは別の水準で考えるべき問題である。

第二章　装置と例外空間

刺激と無関心

何か深刻な出来事が起こったとき、そのあとにやってくるのは、過剰な刺激、雑音である。刺激が、雑音が、日常生活の空間を満たし、真に直視し考えるべき事態を覆い尽くし、見えなくしていく。出来事の深刻さ、重みの度合いが高ければ高いほど、それを打ち消し否認しようとする傾性も高まる。出来事が開いた裂け目には、情報という名の雑音がすぐさま入り込んでいき、その衝撃力を薄め、打ち消していく。それは情報統制というよりはむしろ、情報過多といっていい。過剰な刺激、雑音が撒き散らされていくさなか、感覚は麻痺し、本当のところいったい何が起こっているのかわからなくなる。私たちは、そういう世界を生きている。

このような、過剰な刺激、雑音による感覚の麻痺がいったいどういうことであるのかは、ショッピングモールにいけばよくわかる。多数多様な刺激にみちた閉鎖空間は、現実世界の動向から逃れ、何も起こらない世界を生きているのだという幻想を醸成し、人々の感覚を麻痺させていく空間の典型であるといえるだろう。

J・G・バラードの小説『千年紀の民』が提示する世界観によれば、ショッピングモールに具現化された空間の論理は、いまや惑星のいたるところに、有無をいわせずひろまりつつある。惑星の総体が、潜在的にはショッピングモール的なものになりつつある。多くの人が知らぬ間に、ショッピングモール的な空間を成り立たせている論理とでもいうべきものにしたがって生活するようになっている。

大量虐殺戦争、世界の半数が貧窮で、残る半数は脳死状態で夢遊病者のように彷徨っている。われわれはそのくだらない夢を購入してしまい、いまでは目覚めることができない。つぎつぎ生まれる大規模ショッピングセンターと門塀型自治コミュニティ。ひとたびドアが閉ざされれば、けっして外に出ることができない。[*1]

この考え方は、一九九六年に刊行された『コカインナイト』以来のものといえるだろう。バラードの基本的な問いは、現実に生起する、ありとあらゆる出来事の衝撃から逃れうる空間へと撤退することは可能か、ということのみではなく、犯罪や災害をはじめとする、ありとあらゆる危険が、そこで過度なまでに除去されていることを条件とする生活様式は、はたして、この世界を真の意味で活性化しうるものといえるだろうか、というものだ。

マイク・デイヴィスの『スラムの惑星』などが示しているように、世界では、戦争と貧困の領域が広がり、深刻化しつつある。そして、その兆候は私たちの生活世界の周辺にも及んでいるかもしれない。だが、そこから撤退していることのできる閉鎖空間では、この現実は、テレビ画面やネット情報をつうじてときおり知覚されることはあっても、基本的には、自分が属する世界とはかかわりのない、どこか遠方で繰り広げられる出来事として処理されてしまう。

バラードは、この状態を、脳死状態、夢遊病者の状態だという。無関心、無感覚、現実感覚の衰微としかいいようのない状態が、人びとのあいだに蔓延しているということだ。

これは、内向性や引きこもり的性向といった要因だけでは、説明できない事態である。無関心、無感覚は、雑音的な余計な刺激が過度に撒き散らされている状況下で、半ば条件反射的につくりだされているのではないか。生活世界のあり方が、そこで無関心、無感覚なままで暮ら

＊1　J・G・バラード『千年紀の民』増田まもる訳、東京創元社、二〇一一年、六三頁。

すのが当たり前のものへと、つくりかえられているのではないか。そうであるならば、無関心という生活経験を規定するのがいかなるものであるのかを、考えておかねばならないだろう。そのためには、余計な雑音、刺激、ざわめきから、身を引き離さなくてはならないのだが。

無関心の蔓延は、このたびの原発事故をきっかけに過去を遡るかたちで明らかになりつつあることでもある。東京電力福島第一原発は、東京のために電力を生産していた。だが、この生産拠点がどういうところであるか、電力はどのような過程を経て生産されるのかということについて、東京に暮らす多くの人は、おそらくは無関心だった。

『原子力都市』で矢部史郎は、原発が立地している柏崎市に即して、この無関心がどういうものかを説明しようとする。

それは一つには、柏崎市そのものに漂う無関心である。二〇〇〇年に発覚した女性の監禁事件は、九年ものあいだ普通の民家の一室で人が監禁されていたのにもかかわらず誰もがそれに気づかなかったという異常事態を顕在化させるものであった。矢部は、ここにまず、原子力時代に特有の無関心をみいだす。

つづけて指摘されるのは、柏崎市に対する、東京の無関心である。福島と同じく、柏崎市の原発が生産する電力も、東京で消費される。が、ここで震災が起こったときに人びとの関心を集めたのは、原発の火災のなりゆきであり、この被害が、どれほどまでに東京に及ぶか、ということであった。当然のことながら、地震で被害を受けたはずの柏崎市に対しては、多くの人は無関心のままで、火災が収束するにともない、柏崎市という街自体、忘却されていく。

この無関心は、近代人の酷薄さ、公共的徳の劣化といったことだけでは、説明がつかない。矢部は、この無関心が、メディアによる嘘と秘密の全域的・恒常的な利用によって維持されているという。「嘘と秘密の大規模な利用は、人間と世界との関係そのものに作用し、感受性の衰退＝無関心を蔓延させる」[*2]。

私たちの大半は、福島の事故が起こるまでずっと、原子力発電所がいったいどういうものであるのかについてよく知らなかったし、その事故が何をもたらしうるかということについて関心をもたなかったといえるだろうが、それは知ろうとしなかった私たちが悪かったのか。そうともいえないはずだ。日本列島総体が、そこに身を置くものに、原発にたいする関心を抱かず、その存在に無感覚になるよう働きかける空間へと、変貌しつつあったのではないか。

そもそもが、原子力発電所が存在するということ自体、普段はあまり話題にされない。されたとしても、地球温暖化対策としての原発といったキャンペーンをつうじた紹介である。大量殺戮の技術を転用した装置であること、巨大事故の可能性を秘めていること、放射性廃棄物の

＊2　矢部史郎『原子力都市』一五頁。

処理のための決定的な方法はいまだに模索の途上であること、原子核の安定の破壊に依存する非地上的なエネルギーであること、中央集権的なエネルギーであること、世代間不公平という問題を引き起こすこと、[*3]こういったことが多くの人には知らされず、感覚されることもなかった。

密室的・不可視的環境の蔓延は原発に典型的に現われているという矢部の指摘は、的確である。ここにある空間的な論理は、原発にかぎらず、日本列島総体を覆いつつある。それはただ、ショッピングモールのように、わかりやすい空間として顕在化したところに限らない。ひょっとしたら、私たちの生活様式そのものが、無関心と無感覚の論理に浸潤されつつあるのではないか。

無関心装置

閉鎖空間を、「市民的能力の致命的欠落のおとし児」[*4]といった説明で把握しようとするのでは、捉えきれないことがある。閉鎖空間が建造され、維持されているのは、他者と交渉し、お互いに理解するための能力が衰微しているといったことだけの問題ではない。閉鎖空間は、人びとから、他者に対する関心だけでなく、自分が属し、そこで生きているはずの世界に対する関心をも失わせていく、そのような論理が成立し維持されていることを具現化するものとして、存在しているのではないか。

ティクーン（Tiqqun）という集団がウェブサイトに公表している論考「批判的形而上学は装置の科学として発生することになる（A Critical Metaphysics Could Come About as a Science of Apparatuses...）」[*5]は、こうしたことを考えていくための議論として、読み解かれるべきものといえるだろう。これは、荒涼とした状況が蔓延していくさなかに成り立つ生活様式を、装置（Apparatuses）という観点から、考えようとするものである[*6]。

この論考によれば、現代人はまず、世の出来事に無関心になっている。世界に対し疎遠な状態、世界が欠如した（world-poor）状態にある。たとえ世界が危機的な崩壊状態に陥っていても、この危機が感知されることはない。この無関心は、ただ各人の内的状態、いうなれば病理といったことでは説明できない。無関心は、装置によって、装置において維持されている。

＊3　高木仁三郎「エネルギーとエコロジー」『高木仁三郎著作集6』七つ森書館、二〇〇三年。
＊4　ジークムント・バウマン『リキッド・モダニティ』森田典正訳、大月書店、二〇〇一年、一三三頁。
＊5　https://apparatus.jottit.com/
＊6　ティクーンの装置論については、高祖岩三郎との議論、および、マニュエル・ヤンとの議論から、多くの示唆をえている。

現在の危機は、装置の膨大な蓄積において、記録され、客体化される。各々の装置のおかげで……現在の危機を、知ることなくして生き延びることが可能になる。たとえそこに屈服するということはなくても、来る日も来る日も、そこにとどまりつづける……装置とは、物事が生起するのを妨げるために建造される壁でしかない。

無関心は、現在の状況にたいする感度の鈍さのことをいう。なにゆえに感度が鈍くなるのか。ティクーンは、それは装置のせいだと考える。状況を捉え、記録する装置が、私たちの生きる現状にたいする感覚能力を鈍くする。たとえその現状が荒んだものであったとしても、それを問題として感覚させず、考えさせることもなく、世界ではあいかわらず何も起こっていないと思い込ませる。このような装置が支配するところでは、本当のところとんでもない状況を生きているのではないかといった疑念は、いとも容易に打ち消される。装置とは、感覚能力を鈍摩させるというだけでない。こうした疑念が生じる余地をも奪うものである。

ティクーンが依拠する装置の概念は、ジョルジョ・アガンベンの議論を踏まえたものと思われる。アガンベンによれば、装置とは、「生きものたちの身振り・操行・臆見・言説を捕捉・指導・規定・遮断・鋳造・制御・安全化する能力をもつすべてのもの」[*7]である。こういった装置は、資本主義の発展とともに、集積され増殖してきたのであるが、これは人間にとって偶発的な事態ではない。というのも、他の動物と違って人間は、環境との無媒介的な関係性から分離され、みずから生きる生活世界を構築していくことによりはじめて人間としての生活をいとなむことができるのであって[*8]、そのためには、何らかの装置をつねに配備し、組み合わせていく必要があるからだ。

だからといって、すべての装置が肯定されるべきということにはならない。アガンベンは、携帯電話についてこう述べている。「私は、人と人のあいだの関係をさらに抽象的なものにしたこの装置に対して執拗な憎しみを抱くようになった」[*9]。ティクーンが装置の概念に依拠して展開する議論は、アガンベンが携帯電話にたいして抱く憎しみと同様の問題関心に発している。装置が、現実感覚を鈍らせ、世界に対する無関心を増長していくようにして配備されていることに対し、あきらかに彼らは批判的である。

ではいったい、現状に対する感度を鈍らせる装置とは、どのようなものか。

それはたとえば高速道路であるという。装置の論理は高速道路に典型的に現われている、と

＊7　ジョルジョ・アガンベン「装置とは何か?」八九頁。
＊8　パオロ・ヴィルノ『ポスト・フォーディズムの資本主義』（柱本元彦訳、人文書院、二〇〇八年）の第二章の議論を参照のこと。
＊9　アガンベン「装置とは何か?」九〇頁。

いうわけだ。

そこでは、最大限の移動性と最大限のコントロールが同時に実現されている。円滑な走行という目的の妨げとなる要素はそこからすべて除去されている。だが、これは走行している車に対する徹底的なコントロールと引き換えにして実現される。料金所、給油所、各種標識、警察隊などが配備され、さらに最近では、自動車ナンバー自動読取装置（Nシステム）が急増していることからもそれは明らかだろう。そこでは、起こりうる事態が徹底的に管理されている。それはただ、日々同じこととして過ぎ去るのであり、すべてが予測可能なこととして、設計されたとおりに起こる事態として処理される。かりに事故があっても、事故は出来事として、つまりは死として感覚されない。それは装置の円滑な運行を妨げる不測の事態とみなされる。このような事態は、平常の運行に復するためにはすぐにでも除去し、忘れ去られるべきものでしかない。そこで人が死んだということの重み（死んだ人には家族がいるかもしれず、職場の同僚がいるかもしれず、学校の友達がいるかもしれない）は感知されない。

たしかに、私たちの日常生活は、高速道路に具現化している装置の論理にいつのまにやら浸潤されている。いつからか、日々を円滑に過ごし、仕事においては最小限の労力から最大限の成果を出さねばならないというプレッシャーは、プレッシャーとして感じられることすらなく、生きていくための当然の前提として受け入れられるようになりつつある。不測の事態の生じる余地を可能なかぎり除去するために、あらかじめ可能なかぎりそうした事態が起こらぬよう、監視し、コントロールしなくてはならない。監視とコントロールのためには、監視カメラであれ、ソーシャルネットワークであれ、何であれ駆使する。過労がたたって風邪をひいたり、不注意でケガをしても、それは円滑な日常生活の運行を妨げる不測の事態であって、すぐにでも医者へ行き、薬を飲んで正常化を図らねばならない。長患いをしようものなら仕事のペースは滞り、ともすれば、失業してしまう……。

装置の論理に忠実にならねば生きていけない状況において普通に生きていこうとするなら、それをかき乱す出来事には鈍感にならざるをえない。むしろ、それに鈍感になるほうが、生きていくうえでは楽なのだ。何らかの危機的事態が起こっていても、それが危機ではなく、心配する必要もないこととして処理され説明されるならば、装置の論理に慣れている人には、むしろこの説明のほうが快適である。円滑に日常生活をいとなむうえでは、危機を危機として感覚することは邪魔である。

だが、私たちが生きているこの世界は、そもそもが円滑で、安定的なのではない。ティクーンはいう。出来事の重みを、その実在性を感覚させない装置は、「内破しつつある世界の人工的な安定性を維持するために必要となった」。つまり、本当のところ私たちが生きているのは、つねに何らかの対処を迫られる、揺れ動きつつある世界であり、装置が維持する円滑性、安定性は、じつのところは作為的に創出された人工物である、ということだ。たとえ私たちが生きているこの世界が装置によって円滑に運行するよう定められていても、この運行を妨げうる事態はいつも潜伏しているし、いつ何時、日常の運行を中断するともかぎらない。にもかかわらず、動揺を感知させない装置は作動をやめない。

装置と生活様式の変貌

装置の配備は、生活様式の変貌とともに進行する。それは、私たちの感受性、生活習慣、他人とのかかわりといったものが、装置なしでは成り立つことの困難なものへと作り変えられていく過程とともに進行するのだ。これはいわゆる内面性、イデオロギーといった水準で作用するのではない。感受性、習慣といったものは、テクノロジーの作用によって、あるいは環境のあり方によって、影響をうける。これは信仰や政治的信条といったものとはかかわりのないところでの影響であるといってもいいだろう。キリスト教徒だろうとイスラム教徒だろうと、ウェブを使うし、携帯電話を使う。それによる影響は、信仰が何であろうと、同じだろう。

アガンベンは、装置を、「神による世界統治というキリスト教的範疇に接続」させて把握しようと試みはする。だが彼は、そうしておきながら、このような神学的系譜を考察しても、現代の装置はそれらとは違うと考えている。彼がいうには、現代の装置の特質は、主体化プロセスを欠いていること、脱主体化しか起こらないということにある。

「携帯電話」という装置に捕捉されるがままになっている者は、どれほどの強さの欲望に押されてそうしているにせよ、新たな主体性を獲得することはない。彼が獲得するのはただ一つの番号であり、その番号はといえば、彼を折にふれて制御することができるものなのだ。テレビの前で夜を過ごす視聴者が自分の脱主体化の見返りに受け取るものといえば、ザッピングにふける者という苛立たしい仮面か、視聴率計算のなかに包含されるという事実だけである。[*10]

アガンベンは、この脱主体化のプロセスを、キリスト教的範疇を参照しつつ説明しようと試みるのだが、彼の結論は、そこには西洋的な主体性の確立とは異質なプロセスが起こっている、というものである。日本では、そういう説明は意味がない。そもそもが西洋的な伝統などとは無縁な日本には、キリスト教的範疇に接続できる伝統など、存在しない。だから、装置の脱主

*10 同、九二頁。

体化プロセスを、西洋的な主体性といかに違うかという観点から説明を受けても、頭では理解できても心底納得するのは無理である。

アガンベンの議論が興味深いのは、装置を、キリスト教的範疇で説明可能な伝統的な諸装置（告解など）とは違うものとみなしているからだ。装置はヨーロッパにかぎらず、ここ日本列島にも広まっている。日本でこれまで蓄積された思想的伝統の内実とはかかわりなく、テクノロジーの水準でそれは受容され、しかも、生活様式、生活習慣を着実に変え、感受性、他者との関わり方にまで、影響を及ぼしている。

アガンベンがいう「膨大な脱主体化プロセスによって貫かれた、惰性だけで動く生気のない身体たちの群れ」というのは、すでに日本でも、見慣れた現実となりつつある。

それを北田暁大は、「つながりの社会性」の顕在化と捉える。つまり、「情報価値を持ったメッセージではなく、むしろ「わたしはあなたとコミュニケーションしようとしていますよ」というメタ・メッセージ（「伝達意図」と呼ばれるもの）が伝達される」[*11]、というものだ。携帯電話は、ただつながっているという事実をたがいに確認しあうためのツールである。そこでなにかしら意味のある議論、交流が行なわれているかどうかは二の次である。それゆえに、携帯電話を使用するのに慣れ親しんでいくにつれ、人々は、つながっていないかもしれないという不安に次第にとり憑かれていく。この不安を解消するために、「つながりの社会性」につながっていることの確認のために、携帯電話の通話ボタンを押す。ここでは、通話の相手は誰であってもかまわない。だれかとつながっているということが確認できさえすればいい。北田が指摘する「つながりの社会性への強迫観念」は、ツイッターやフェイスブックをはじめとするソーシャルネットワークの登場にともない、いっそう亢進していくだろう。

この状況を、どのようにして捉え、考えたらいいのか。装置が集積され、増殖していくことにともない、個々人の生が、従順になり、惰性的になっていく。現状に無関心になり、感覚が摩耗していく。これにかんしては、アガンベンがいうように、キリスト教など、宗教的な範疇を用いて説明してもあまり意味がない。監視カメラであれ、携帯電話であれ、現代にあって装置は、物として使用されることにより人間の生を捕捉し、制御し鋳造する。装置は、物として生産され、受容され使用されることをつうじて、生活様式、感覚、習慣、関係性のあり方に影響を及ぼし、それらをつくりかえていく。

装置による影響を考えるためには、この物的なレベルに、それも、生活様式、習慣にたいする働きかけというところに、着目していく必要がある。これは生活様式に内在しつつ考える、ということだ。

＊11　北田暁大『広告都市・東京』広済堂出版、二〇〇二年、一六〇―一六一頁。

とはいえ、私たちの生活を絡めとる装置が何であるかをつぶさに数え上げていくだけでは、その影響を捉えることにはならない。アガンベンが述べているように、装置の正しい使い方を考えるというのも違う。装置に絡めとられた状態で生きるというのがどういうことかを考えるというのは、多分、それははたして人間特有の生とはなにか、そしてそれを活性化するものとはなにかと問うことにつながる（こうした問いを立てることは、もちろん、人間の生が他の動物のそれに比べ無条件に「優れている」ことを主張したいわけではない、ということに注意されたい）。

日本では、こうした思考は、高度成長期において試みられていた。そのうちでも、一九七〇年代から八〇年代にかけての藤田省三の思考は、装置論を展開させていくうえで、参照すべき必須のものである。一九八五年に書かれた「「安楽」への全体主義」で、藤田は述べている。それは、「停どまる所を知らないままに、ますます「高度化」する技術の開発を更に促し、そこから産まれる広大な設備体系や完結的装置や最新製品を、その底に隠されている被害を顧みることもなく、進んで受け容れていく生活態度[*12]」を問題化するものである、と。彼は、たんに内面性の変容といったことではなく、物的なレベルで起こる変化との関連で人間の生活がどう変わるかということに着目し、考察したといえるだろう。

市村弘正は、藤田省三の方法について、「思惟様式から生活様式（文化）への方法的な「転回[*13]」」を遂げたものだと述べている。それは、宗教的な価値観や思想信条といったところではなく、人間社会に特有の生活様式とはどのようなものかという関心から、私たちは今、どのような暮らしを営んでいるか、どのような生活様式を実践しているかを考えようとするものである。藤田の場合、それは高度成長による激変として経験された。つまり、物が既製品化され、大量生産され大量消費されていく過程で、事物との関わり方が、人間の経験のあり方が、根本的に変容していくこととして、経験された。

抑制なく驀進する産業技術の社会は、即座の効用を誇る完結製品を提供し、その即効製品を新しく次々と開発し、その新品を即刻使用させることに全力を尽して止まない。そして私たちの圧倒的大多数が、この回転の体系に関連する何処かに位置することを以て生存の手段としている。[*14]

これはまず、物の変容として経験された。即効的な製品が人間の日常生活を次々と充たして

＊12 藤田省三「「安楽」への全体主義」『藤田省三セレクション』市村弘正編、平凡社ライブラリー、二〇一〇年、三八七頁。
＊13 市村弘正「解説——藤田省三を読むために」『藤田省三セレクション』四二二頁。
＊14 藤田省三「「安楽」への全体主義」三九三頁。

いくのにともない、物が与えうる不快な刺激の源が除去され、安楽が支配的になる。洗濯機一つとってもそうである。桶に水をはり、洗濯物をいれ、洗濯板でゴシゴシ洗い、すすいで絞って干すという一連の動作が、自動洗濯機の導入によって省かれる。水に手を浸すことによる「冷たい」という感覚が、石けんによる手荒れが、ゴシゴシこすることによる疲労が、すべて除去される。藤田はこれを「不快の素の一切をますます一掃しようとする「安楽への隷属」精神が生活を貫く[*15]」過程と把握する。そこでは、物との相互交渉、驚きにみちた対面といった可能性が、回避され、除去され、排除されていく。

藤田が捉えたのは、高度成長下の日本では、物との交渉という意味での経験機会の回避が支配的になる、ということだった。これは、生産された商品の既成性と即効性に適応し、それを利用し生活を便利にしようとする風潮において、起こった事態といえるだろう。

現代においても、即効的な新製品を生産し消費させていくことをつうじた利便性の追求と不快の除去はまだまだ持続している。今や洗濯機は、乾燥機付き洗濯機へと発展を遂げた。私たちは、安楽への隷属の度合いをいっそう高めている。藤田が、不快の除去や経験の回避といった問題を、外的なものへの恐怖や他者の忌避といった心的要因に還元するのではなく、既成品化、新品化という過程との関連で考察することの重要性を示唆したことも、いまだ参照に値するといえるかもしれない。

だが、私たちが今経験している装置の集積・増殖は、高度成長下での既製品化＝利便性の実現化とは、様相を異にする。携帯電話やパソコンも新製品として生産され、日常世界を充たし、便利にしていく。だが、その使用による習慣の変容は、どことなく違う。既製品を購入し使用することをつうじた安楽への従属、経験の回避というだけでは、捉えられない事態が生じつつある。

二〇一一年六月二九日の東京新聞（および中日新聞）夕刊に掲載されたモブ・ノリオの随筆（「ダンスクラブ摘発を考える」）は、装置化が進む現状下での日常生活の変貌の実相を、もののみごとに捉えている。それは、大阪のアメリカ村で進行中である、ダンスクラブの摘発を論じたものだ。彼によれば、二〇一〇年末以降、アメリカ村ではダンスクラブの摘発が相次いでいる。風営法の許可をとっていない、若者を夜中に踊らせているといったことを理由とする摘発だが、薬物の売買といった犯罪の巣窟だというメディアのイメージ操作がそれに拍車をかけているという。

要するに、都市空間の浄化が進んでいる。新宿歌舞伎町でも、同様の摘発が進み、監視カメラが配備されているが、これと同様のことが、アメリカ村でも起こっている、ということだ。

＊15　同、三九四頁。

そしてモブは、この都市の浄化を、異物の排除や不自由といったこととして問題化せず、端的に、寂れていくこととして捉える。クラブが営業停止となり、付近のバーも何軒か閉店した結果、「大阪独自の若者文化の発信地は、コイン駐車場や空き地がやけに目立つ、夜の寂しい人気のない街へと変貌した」。

つまり、浄化は街を荒廃させた。その要因は、街の活気の、生命の根元である、クラブ空間の消滅にある。そこは「音楽を愛するものにとっての祈りの場、音楽への愛を通じて自らを見つめ直し、未知の音と出会うことによって自らの無知や頑迷さに気づき、他者を受け容れる素直さまで学べる、貴重な集いの場としても機能してきた」。浄化はこの場を解体し、街を荒廃させる。

モブは、この浄化が、大阪都構想の一環として起こっているということに注意を促す。街の中心部から離れたところにカジノを含めたナイトシーンの特区をつくりだすという構想からすれば、アメリカ村は積極的に除去すべきだということになろう。

この解体を代償にしてつくりだされる新しいナイトシーンなるものは、はたして、アメリカ村などがもつ活力を持ちうるだろうか。モブが賞賛する集いの場に漂うあの雰囲気と活気は、都市へと追いやられ、集まってきた人びとが根付いた過程でおのずと生じたものである。農村的な大地から切り離された人びとが、根付いたところに創出しようとした、都市的な大地とでも呼ぶべきものである。それが解体され、コイン駐車場になり、あるいは空き地として放置される。ここに、高度成長期とは違った都市空間の変貌の兆候が、現われているのではないか。

一九八〇年代の藤田省三は、新品化が、社会の全生活分野を貫徹しつつあると述べていた。「街の構造は新しい装いを以て一変し、建造物も自動車も、人の着る物も手にする物も尽く新品化した。しかしそれらの新品は既に見たように製品として与えられているものなのである」[*16]。新品化は、今でも進行しているが、かつてのように、たんに古い町並みの喪失と捉えるのではみえてこない事態が起こりつつある。

それが浄化であり、場の解体である。解体された場に集う人びとの身体は、装置へと絡めとられ、従順になる。集まりの場が、特区によって解体され、囲い込まれていく。それはショッピングモールを成り立たせるのと同様の論理だ。

装置の非対称的な配備

装置が人びとの生へと浸透し、絡めとっていく趨勢は、現代においてあまりにも圧倒的なも

＊16　藤田省三「新品文化」『精神史的考察』平凡社ライブラリー、二〇〇〇年、二七五頁。

ののように感じられる。生活は、たしかに便利になった。だが、円滑化、監視化、浄化がすすむ日常生活は、本当に人間にとって耐えられるものなのかどうか。

携帯電話に憎しみを抱くことがあると述べたアガンベンは、つづけて、みずからの破壊願望を率直に表明している。「どうすればケータイを破壊したり動かなくしたりできるだろう、どうすればケータイを使っている者たちを粛清するとまでは言わずとも、処罰・監禁できるだろう、と考えている自分に気づいて驚いたことがたびたびある」[*17]。

装置に絡めとられた状態に従順になり、疑問を抱くこともなくそれを肯定できる人間には、そういった破壊願望は、理解不能な妄想だろう。だが、装置が現実感覚を麻痺させていくだけでなく、生活世界を浄化し、場所の固有性を均し、ゾーンへとつくりかえていく効果をもつということに敏感な人間には、装置へと絡めとられた状態は、はっきりいって耐えがたい。であるがゆえに、これを全的に破壊したいという欲求がでてくるというのも避けられない。

ティクーンの論考では、この状態から脱却する方法として、犯罪が、提起される。彼らがいうには、私たちは犯罪という行為によって、装置がどういうものであるか、装置が配備されている空間がどういうものであるかを感覚し、自覚することができるようになる。

窃盗をやらかすとき、私は、自分を二つに分割する。そのうちの一つは、目に見えているが、厚みを欠いた、つかの間の、絶対的に日常的である現在であり、もう一つは、全体的で強度にみちた、内在的な現在である。そこでは私を包囲する装置のありとあらゆる細部が活動的になる。監視カメラ、警備員、その視線、視軸、他の客、他の客のふるまいといった細部が活発化するのだ。

窃盗が、絶対的に日常的な現実の安定性の実相を暴露する。安定性はけっして所与のものではなく、そこで装置が配備され、装置によって絡めとられることにより形成され維持されているということを、装置をわざと作動させることにより、暴露する。たしかに、装置に絡めとられ従順になっている状態を、当たり前のこととして、絶対的に日常的なこととして生きている人間が多くなっていく状況においては、こういった暴露は、それがいかに当たり前でなく、つくりだされた状態であるかに気づかせるきっかけとなりうる。

ジョン・バージャーは、二〇一一年の夏に起こったロンドン暴動のすぐあとに書かれた一文で、こう述べた。「八月八日、子どもたちは暴動をおこした。なぜならば、彼らには未来もなく、言葉もなく、行くべきところもなかったからだ[*18]」。彼らは、消費主義に絡めとられた都市空間で

＊17　ジョルジョ・アガンベン「装置とは何か?」九〇頁。

は、不可視であり、存在しえないものとして、扱われている。単一の流動的な市場へと呑み込まれていく都市空間は、消費のための区域と化した。そこで消費者は、「消費しないかぎり、茫然自失していると感じるか、もしくはそう感じるようにさせられる」[*19]。消費することではじめて、自分が何をしているか、どこにいるかを実感できるようになる、というわけだ。

暴動を起こした若者たちは、この消費者の茫然自失状態において、完全に無視されている。知覚されない状態にあるものへと、追いやられている。そうなると、暴動は、装置には絡めとられず、むしろそこから排除され、無視された場所でやむにやまれずして起こった、ということになろう。

そうしてみると、装置が生活世界の全域を覆い尽くすということなど、ありえないのかもしれない。日常生活において不快を除去し、予期不可能なものを除去し、痛みを感覚させないものとして作動する装置であっても、それらを、完全に無とすることはできない。痛みを感覚させないようにしても、痛いと感じ、どうしようもなく耐えがたいと感じている人間は、本当のところ存在している。装置によって無視され、除去されたところに存在している。

装置による感覚の鈍摩の効果は、装置に絡めとられていることのできる人間にしか及ばない。装置による、生活世界の全体主義化なる展望は、適切でない。

アガンベンは述べている。「諸装置が、生のあらゆる領域にその権力を浸透・分散させればそれだけ、統治の前には捉えられない要素が現れる」[20]。装置に捕捉しえないものが現れるのは、装置を壊すことによってではない。捕捉しえないものは、装置が浸透するのにともなって、現われてくる。装置による感覚の鈍摩、生活空間の浄化は、こういった捕捉しえない領域において起こりつつあることを打ち消すことはできない。そこで起こりつつある状況に身を置く人が感じるものを打ち消すこともできない。

装置に絡めとられえぬものがある。だが装置は、これを執拗に絡めとろうとする。痛みが、辛さが、現れないようにする。感覚させないようにする。それでも、痛みは打ち消しえないものとして、執拗に残存する。

装置が浸透しうるのはあくまでも一部であり、局所的であるということ、装置に絡めとられぬものが存続するということは、たとえば、地方の風景に現われている。装置を具現化した空間であるショッピングモールは、周囲から切り離され、自足しているというだけでない。その内部に身をおく人間を、外的世界に対し無感覚にし、関心を抱かせないようにするというだけ

＊18 John, Berger, "The Time We Live". http://www.opendemocracy.net/ourkingdom/john-berger/time-we-live
＊19 John Berger, *Hold Everything Dear*, New York: Verso, 2007, 116.
＊20 ジョルジョ・アガンベン「装置とは何か?」九三頁。

でない。この空間は、その外部を、寂れさせていく。装置化が及ぶ範囲は、自足した空間内部に限定されるが、この限定は、その外を寂れさせるということと裏腹の関係にある。

そしてこの装置の及ばぬ外の世界は、ただ寂れるというだけでない。何かしら「やばい」事態が起こりうる状況が、ひそかに醸成されていく。

映画作家である富田克也と相沢虎之助は、二〇〇七年に公開された映画『国道二〇号線』を撮ろうと思ったきっかけについて、こう述べている。

甲府の国道沿いでは、九〇年代後半に、風景が変わった。まずはドンキホーテができ、さらに消費者金融のATMが、イオンといったショッピング施設ができた。つまり、どこにでもある均質的な風景へと変貌した。だが、富田と相沢が着目したのは、風景の均質性ではない。むしろこの均質性の隙間に現われた「やばいもの」である。

その頃、ちょうど相沢と車に乗ってたときに、ある男がその露骨な風景のなかで、パチンコ店から出てきて道路を渡って向かいの駐車場のなかに併設された消費者金融のATMに入って、そのままパチンコ屋に戻っていったのを見たんだよね。その風景を見てからだよ、「これやろうか」って。俺たちは風景から入った。その風景を見たら即座にわかるっていうか、最初は「これ便利なのか？」って……「いや、便利じゃない。やばい、やらされてる」っていうね。その「やらされてる」っていうところが一つ大きな軸になった。[*21]

これもまた、一種の装置なのかもしれない。パチンコで金をすり、その資金源の調達のために消費者金融のATMに行くという閉ざされた円環に絡めとられ、そこで、「やらされてる」。だが、この円環の行き着く先は、破滅である。ショッピングモール的な装置の外部に放置された領域に巣食う、人をじわじわと蝕み、破滅させていく装置である。

富田と相沢は、この風景に、闇の兆候を感じとる。パチンコとATMのネオンの光の及ばないところに潜む、闇の兆候を。パチンコとATMは、闇を深刻化させ、破滅を加速させていく装置だが、この装置が成り立ち、そこに絡めとられてしまう人が生きているのは、どういうところであるかと彼らは問う。そして彼らは、闇で起こりうることとして、新聞の三面記事をもってくる。地方の信用金庫で働いている女がその金を横領し、男に貢いでいた、という話である。この事件をもとにして、男が女を殺してしまうというストーリーを導きだしたと彼らはいう。だが、これは甲府で起こったのではなく、別の地方都市で起こった事件らしい。今や地方ならどこであっても起こりうる事件を、想像力によりこの風景に直結させた。

＊21　富田克也＋相沢虎之助「『国道20号線』から『サウダーヂ』へ」『VOL』四号、二〇一〇年、一〇一頁。

こういった事件は、現代の地方の風景の裏に隠された、普段はみえない荒廃の実相を、顕在化した事故のようなものとして捉えることが可能である。富田と相沢は、風景の均質化作用には特に関心を示さない。むしろショッピングセンターが、できた当初は栄えていても、ほかに新しいものができるやいなや次第に寂れ、ブラジル人や中国人の集う場所へと変貌しつつあることを指摘する。ショッピングセンターの自足した世界は、たとえ成立したとしてもほんのひとときであって、いずれはそれが成り立つことの代償として産出された外部の荒廃世界に呑み込まれることの因果を把握している。

自滅装置に絡めとられていく状況を、どう考えたらいいのか。

そこは、グローバル資本に包摂されることによる均質化の過程から、はじきだされている。つまり、古くから維持されてきた地域の生活世界が市場の論理により解体されていくという構図では捉えがたい。むしろ、市場の論理が浸透することなく、そこから見放された状況にあると考えたほうがいいだろう。見放されるとはつまり、衰微するがままに放置されるということだ。そして、放置された空間には、衰微をいっそう加速化させる一種の装置が形成される。富田と相沢が捉えた、パチンコと消費者金融ATMの円環は、それの一部といえるだろう。

そしてこの状況は、均質化された世界に身を置くかぎり、感覚できない。そこは、均質化の論理のもと、強制的につくりかえられたのではない。むしろ、この論理が浸透し、ショッピングモールなどの形状をとって表向き発展をとげた場所へと人が集まることと裏腹に、放置され、衰微していく、そういうところである。均質化された空間は、装置の配備された空間である。その外の世界の状況にたいする感度を鈍らせていく空間である。であるがゆえに、外の世界は、自分が身を置く世界とはかかわりがないというだけでなく、そもそも存在しないということになる。均質的な世界と、その外の衰微していく世界のあいだにありうるはずの関係性が、感覚されない。

ここにあるのは、放置であり、無視だといっていい。この冷徹な論理は、開かれた公共性などという概念では捉えられない。開かれた空間、複数的な出会い、外部……。かりにこの概念を援用するなら、こういうことになるだろう。かたや夫が常勤職の、平日はふつうに仕事して、休日は家族とショッピングモールで買い物をする家族がいる。他方には、非正規で、仕事の合間にパチンコとATMの往復を日課とする独り身の若い男がいる。開かれた公共性の理念からすれば、このあいだにこそ、集まりと出会いのつながり空間をつくるべきだということになろう。

ここに、開かれた公共性の概念の限界が、決定的に露呈しているといってもいい。それはなによりもまず、均質化された空間と、そこで無視された空間の関係性を捉えることができない。それらを、異質な空間、隔てられた空間と捉えることはできても、さてそこでどうしたらいいのかとなると、異質な空間のあいだ、つながり、「近さ」といったことしか提起しえない。齋藤純一は述べている。「交渉の回路をつくりだし、批判的な認識を呼び覚ますのは、他者との間に具体的な「近さ」を設定する行為、しだいに隔てられていく距離に逆らって「親密さ《インティマシー》」をつくり出す政治的行為である。おそらくそうした「近さ」なしには、ある人びとが「この世界にまったく属さない」者として見棄てられる事態が察知されることもないだろう」[*22]。たしかに、見棄てられた事態は、「遠さ」ゆえに知覚されなくなると、考えることもできる。自分たちが生きている生活現実とはかかわりのない遠い世界、別世界での出来事である、というように。

だが、その「遠さ」という問題は、隔たった空間を物理的に接近させ、交わりの空間、つながりの空間をつくりだすことによって、解決されるものであろうか。

ここにあるのは断層線であると、考えておくべきだろう。これは、一方の発展が他方の衰微の要因となるという関係性で結ばれた二つの空間のあいだに生じる断層線のことだ。この断層線に隔てられた二つの空間の関係性は、おそらく、植民地主義的なものとして考えないかぎり、捉えられない。

つまり、西川長夫が提唱している「植民地なき植民地主義」の論理がここに成立していると考えるべきではないか、ということだ。

西川がいうには、グローバリゼーションは、第二の植民地主義である。かつての植民地主義は、主に西洋列強諸国がアジアやアフリカ大陸の特定の領土を占領し、植民地として領有し、人や資源を強制的に収奪するというものだった。これに対し、現代の植民地なき植民地主義は、かならずしも特定の領土の領有という形をとるとはかぎらない。なぜならば、「植民地は世界の到る所に、旧宗主国や覇権国の内部においても形成されうるからである。新しい植民地の境界を示しているのは、もはや領土や国境ではなく、政治的経済的な構造の中での位置である」[*23]。特定の領土を領有するというかつての植民地主義においては、分断、相互排除、支配－被支配関係が、明瞭であった。これに対し現代においては、植民地主義的状況が、植民地的関係が明示されないやりかたで、グローバリゼーションというイデオロギーのもと、世界のいたるところに形成されつつある。

それは西川がいうように、「世界的な貧富の格差と同時に、一国内における、あるいは一都市における格差の急激な拡大」[*24]というようにして現われている。この状況は、じつは私たちが日々生きているこの生活世界の隅々にまで、浸透しつつあるのだろう。ショッピングモールとパチンコ＋ＡＴＭの関係性がその一例である。労働や教育、家族をはじめ、ネオリベラリズム

＊22　齋藤純一『政治と複数性　民主的な公共性にむけて』岩波書店、二〇〇八年、ix頁。
＊23　西川長夫『〈新〉植民地主義論』平凡社、二〇〇六年、一一頁。
＊24　同、二六七頁。

の浸透とともに変質したとされるさまざまな領域についても、この植民地なき植民地主義の概念を参照しつつ再考するなら、新しくみえてくることがあるのではないか。

それは、公的なものの私有化というのでは捉えられない状況である。たしかに、私有化は、この植民地主義的状況をもたらす一つの要因ではあるのかもしれない。公的なものの周囲に集まりともに暮らしていた集団は解体され、散り散りになりつつある、というように。

だがこの解体のあとであっても、私有化された領域に、アクセスできる人々はいる。アクセスを可能にする資産と所得が保証されていれば、その領域が公的であろうと私有化されたものであろうと、べつに関係ない。そして、反面、私有化のせいで生活が困難になる人々もいる。この二極化、相互排除の状況について、どう考えたらいいのか、どうしたらいいのかということは、開かれた公共性の概念によっては、説明することも、思考することもできない。

私たちはじつは植民地的状況を生きているということを、自覚する必要があるだろう。それは、商品化や私有化など、私たちの生活世界を一次元的に侵攻してくる事態として把握しようとする議論では、捉えることの難しい状況である。[*25]

アガンベンがいう装置は、生活世界を一様に侵蝕していくのではない。現代においては、それが配備されることのない放置された空間も広がりつつあると、考えておくべきだろう。「「われ買う、ゆえにわれあり」という信条と所有的個人主義とが一体となって、表面上は刺激的だが奥底では空虚な、偽りの満足の世界」[*26]であるショッピングモール的な空間の及ばない、「やばいもの」が潜む空間が、広がりつつある。むしろこの「やばいもの」の空間のほうが、私たちの生を、根本から規定するようになっているのではないか。ショッピングモール的な空虚な空間は、生活という組織体が綻びていく隙間にひろがる「やばいもの」からの逃避先でしかないのではないか。この綻びの隙間を、一時的に、その場しのぎで縫合したところに成り立つ砂上の楼閣でしかないのではないか。

それは、アガンベンが示唆するように、収容所的な空間の遍在化として捉えることも可能で

＊25　たとえばデヴィッド・ハーヴェイの議論（『ニュー・インペリアリズム』など）がその典型である。グレゴリーの批判にもあるように、それは、「資本主義の普遍的な歴史という認識論的空間の内部で理論化する」。すなわち、様々な生活の地理を、「資本主義的な発展という単一の容赦なき過程の変数」として扱うものであるために、そこへと呑み込まれていく地域相互の関係がどのようなものであるかは見落されてしまう（Derek Gregory, "Introduction: Troubling Geographies." In *David Harvey A Critical Reader*. Eds. Noel Castree and Derek Gregory, Oxford: Wiley-Blackwell, 2006, 22.）

＊26　デヴィッド・ハーヴェイ『新自由主義』渡辺治監訳、作品社、二〇〇七年、二三六頁。

である。「収容所とは、例外状態が規範そのものになりはじめる時に開かれる空間のことである」[*27]。そこは、いわゆる正常な生活空間の外部へと排除された異常な空間といった前提では、捉えられない空間である。規範的な生活空間の内部へと包摂しなおすことにより、秩序化し、正常化することが可能であるという想定の通用しない空間である。正常なものからの排除ではなくて、「外に捉えられている、つまり、自らの排除そのものを通じて包含されている」[*28]という関係形式により維持されている空間である。それゆえに、この排除され放擲されるというあり方は、包摂されることにより変わることなどありえない。かりに包摂されるということがあっても、装置が張り巡らされていく正常な空間とのかかわりにおいては、依然として、無視され、感覚されぬ空間として、放置されるだろう。

この空間が例外状態の物質化だということの含意は、ただ排除されていることだけではない。例外が規範であるというのはつまり、何であれ起こりうる、そういう空間だ、ということだ。「収容所は、すでにみた意味でいえば、法が全面的に宙吊りにされている例外的空間であるからこそ、そこでは一切が本当に可能なのである」[*29]。一切が可能とは、そこで人間が、徹底的に残虐な仕打ちに際限なしに晒されることもありうる、ということだ。「人間がこれほど全面的に、何をされようとそれが犯罪として現れることがないほどに（事実、それほどに一切は本当に可能になっていたのだ）自らの権利と特権とを奪われることが可能」[*30]である、ということだ。しかも、この例外空間で何が起こっているのかは、そこに身を置く人間にしかわからない。外にいる人間には、死体が発見されるといった出来事くらいしか、知るための手がかりはない。

この空間は、潜在的にはどこであれ、成り立ちうるとアガンベンはいう。「こうした構造が創造されるたびに、そこで犯される犯罪の実体が何であろうと、それがどのように命名されどのような地形をとっていようと、われわれは潜在的には収容所を眼前にしているのだ」[*31]。ということはつまり、排除され、放擲され、無視されたあり方において何らかの惨劇が起こってしまう空間であるなら、そこはもう収容所的な空間になっている、ということである。

おそらくは、虐待が起こってしまう親密空間も、収容所的な空間になっていると考えることもできるだろう。世間の目から隠された親密性の空間は、法の介入の及ばない空間でもある。そこは、国家の過度な介入から逃れており、それゆえにこそ、安楽に暮らすことのできる空間であるが、そのことゆえに、何かの事情次第では、何であれ起こりうる、収容所的な空間へと

＊27　ジョルジョ・アガンベン「収容所とは何か？」『人権の彼方に』高桑和巳訳、以文社、二〇〇〇年、四五頁。
＊28　同、四五頁。
＊29　同、四六頁。
＊30　同、四六頁。
＊31　同、四七頁。

転じることもありうる。

監禁や虐待といった暴力があっても、それが犯罪として現れることはなく、世間の目からは隠され、何も起こらないかのようにして存続しつづける空間。このような例外空間と、装置の張り巡らされたショッピングモール的な空間を対置してみて思うのは、結局のところ、現代の人間の条件の動揺は、例外空間の遍在化として起こっているのではないか、ということだ。装置は、この例外空間の遍在化を知覚させないために、そこから逃避することの可能な空間を作り出すために配備されている。装置の配備は例外空間の創出と裏腹である。この関係の絶対性においては、装置からの自由を求めても、それだけでは、何にもならない。

第三章　誰にも出会えない体制

養育の場の失調

生活の失調、解体が深刻であることの兆候は、児童虐待において、決定的に現れていると考えることができるのではないか。情緒性と親密性でむすばれた相互依存の領域であり、世話されることを必要とする子どもたちの生の条件とされる家族生活の失調状態が、虐待において顕在化する、というように。

端的にいうならそれは、養育という能力が、家族において発揮しえない状態である。「養育つまり食事の世話と子育ては、機能縮小した家族が「再生産」の場としてもちうる最後の機能とみなされている[*1]」と市村弘正は述べていたが、この最後の機能さえもが失調状態に陥ることもありうるのではないのかと考えるべき状況を、私たちは生きている。

それは本来、養育の担い手である親個々人の怠慢や責任放棄などという、心理的・性格的な要因に還元できない問題である。失業、公的機関のおざなりな対応、地域社会からの孤立、育児負担の不平等など、複合的な要因のもとに起こりうる事態だと考えておくべきだろう。

にもかかわらず、虐待事件が発覚したとき噴出する世間の反応においては、養育の失調の要因にまで遡ろうとする議論は乏しい。その多くは、虐待の担い手である親（とりわけ母親）にたいする一面的な糾弾である。母性の欠如なる紋切り型がその典型である。それと対をなすかのように、虐待は、公的機関の適切な介入により抑止され、予防されるべき問題へと変換されてしまう。つまり、虐待は悪であり、犯罪である、というわけだ。虐待は、予防＝監視と、処罰＝犯罪化の網の目へと絡めとられていく。

そこで見落されているのは、養育という相互性、世話し、世話されるという関係性の機能不全、失調という問題である。失調状態にある養育の場の蘇生と回復は、その失調の帰結としての虐待の予防と、まったく違うと考えておくべきである。市村が示唆するように、養育の回復において求められるのは、「弱さや依存を含まざるをえない生活に対するまっとうな認識であり、それを破壊してしまう管理機構に対抗しうる関係[*2]」である。つまり、養育という相互性の回復は、弱さ、依存ということの意味の問い直しを不可欠とするが、これは合理性、効率性を第一義とする管理機構に侵蝕される社会とは別の社会をつくりだす原点となりうる。

だが、そうした問いを欠いたまま、公的機関の予防や処罰のシステムだけで対処しようとすることは、つまるところ、公的領域が、養育の現場である私的領域をさらに侵蝕していくことにつながり、そうなると、養育の回復どころかそのいっそうの衰弱をもたらすこととなりかねない。養育の能力は、公的機関の管理機関では、代替できないからだ。

そうはいっても、虐待が頻発し、ショッキングな事件となって顕在化するという事態は、ただ放置しておけばおのずと改善されるなどとは考えるべきでない。養育の能力の不全状態は、各々の私的領域内部だけでは改善されないからだ。

たしかに私的領域は、閉ざされた内密の領域であり、外部からの働きかけを拒む、自律した領域である。そこで起こりうる、たとえば育児をめぐる問題の最たるものとしては、母親に過度に負担が課されるといったことがありえようが、そうしたことは、外側からの働きかけによっては容易に改善しがたい。

世話、養育といった相互性をめぐって形成される（両親と子どもなどの）関係性は、公的世界に特有の関係性とは、異質である。私的領域に特有の諸問題は、結局、そこにかかわる当事者た

＊1　市村弘正『小さなものの諸形態』平凡社ライブラリー、二〇〇四年、一七二―一七三頁。
＊2　同、一八〇頁。

ちで本来解決すべきなのだが、それができないがために、虐待や殺人が起こってしまう。美馬達哉が示唆するように、私的領域の諸問題は、「親密性のなかの暴力を暴き出しながらも、国家介入による犯罪化を目指さない」[*3]というやり方、過度な密室化と過度な介入の両極に陥らないというやり方でしか対応できないと考える必要がある。

養育という営み自体、きわめて過酷であるのだが、生活という組織体が壊れ綻びていく状況では、その過酷さの度合いは、いっそう増していくだろう。本来は、この過酷さの程度を和らげ、養育の能力が発揮しやすい場を創出しようとすることのほうが重要であるはずが、どういうわけか、そういう思想的、実践的な試みは軽視され、制度による虐待予防と厳罰化という政策的な対応が優先されてしまう。[*4]

こうしたことはおそらく、七〇年代前半の、ウーマンリブ運動の問題提起が真剣に受けとめられず、忘却されつつあることと関連があるのではないか。リブ運動は、親密で内密な領域の内部での男と女の関係性のあり方を問題化したのであるが、その立脚点の一つがじつは子殺しの問題であった。

子殺しは、母性の欠如などという単純な話で説明できるものではない。ウーマンリブ運動は、養育の場において、女が一方的に子育ての役割を担わされ、母子密着を強いられていることの問題であり、しかもこの不均等的な負担は、経済成長至上主義の社会のあり方と連動している問題であるということを、徹底的に提起し、その解決にむけた運動体を組織化した。すなわち、親密性の領域のなかの関係性の組み替えが、経済成長至上主義的な社会の論理と異なった共同体の形成を必要とするというだけでなく、この共同体が、子育てを女に過度におしつける社会の仕組みを変革するという展望を打ち出した。

運動の担い手の一人であった田中美津[*5]は、一九七二年四月に刊行された『いのちの女たちへ』で、こう述べている。

*3　美馬達哉「青ざめた芝」一六八頁。

*4　上野加代子と野村知二は、二〇〇〇年以降に児童虐待の問題が可視化され、過度なまでに詳細に報道されるようになった背景には、二〇〇〇年に「児童虐待防止法」が成立し、行政による家族への積極的な介入、援助の必要性が説かれるようになったことがあると論じている（上野加代子・野村知二『〈児童虐待〉の構築』世界思想社、二〇〇三年、一二四―一二五頁）。それにともない、児童虐待の要因は、家族の孤立化や機能不全、虐待経験のトラウマ化、個人の心理的問題だという主張が支配的になる（同、三三―三四頁）。こういった主張もやはり、問題を個人化し、専門諸機関による介入によって個々別々に解決可能であるとする想定に立脚している。

*5　秋山洋子は、田中について、リブ運動の指導者や、リブを代表する理論家とは、一概にいえないと述べている。「彼女の行動と存在全体が彼女のリブであって、書かれたものは彼女が生きた後にたまたま残った痕跡にすぎないという気がする」。つまり田中は、「全人格をもってひとつの時代を代表していた」存在であった。指導者としてではなく、運動のうねりのなかに身を浸しつつ、言葉を発し、行動をうながす、というように（秋山洋子『リブ私史ノート』インパクト出版会、一九九三年、二〇三―二〇六頁）。

子殺しの女を報じる新聞を見よ。遊び好き、無責任、残虐非道、ヒステリーetc。子殺しの女の、そのとり乱しぶりに対して、新聞はこれらの常套句をおっかぶせる。[*6]

このような常套句が、主に母親を責めるものであること、「ダメな母親」、「欠陥ママ」が子殺しをするという前提から導きだされているということは、田間泰子が、一九七三年という、子捨て・子殺し事件が多発した年の報道記事の調査をもとにして明らかにしている。ダメ、欠陥とはつまり、母性喪失のことだ。子殺しの加害者は、事件へと至るプロセスがいかなるものであろうとも、母性を喪失したダメな母親であるという物語へと回収されてしまう。[*7]

こういった常套句は、今でも普通に通用している。けれども、常套句という雑音を拒否し、

*6　田中美津『いのちの女たちへ』現代書館、二〇〇四年、一八二頁。
*7　田間は興味深いことをいくつも指摘しているが、そのうちでも、とりわけ次の二つのことが重要であると思われる。一つは、報道される事件の犯人は、父親もかなりの割合をしめるのにもかかわらず、子殺し・子捨ての物語として語られる場合、どういうわけか母親が加害者とされてしまう。さらにもう一つ、子捨て子殺し事件の報道がとりわけ加熱したのが一九七三年であった、という指摘である。それはただ、数量的に増加したというだけでない。「ある事件の前後、あるいは同時に生じているとされる事件の連鎖や、漠然とした「世相」「風潮」「時代」といったものが、六三年までは全くないといってよく、八三年にもほとんど見られないが、七三

年にはそのような言説が顕著に多いといえる」（田間泰子『母性愛という制度‥子殺しと中絶のポリティクス』勁草書房、二〇〇一年、九六頁）。それは〈いたいけな子どもが犠牲になっている〉＝〈母性を欠如させた母親が増えている〉という言説である。田間は、疑問として提示しているだけである。あくまでも憶測だが、この疑問については、日本でリブ運動が盛んになったのは七〇年代前半であり、田中美津の著書が刊行されたのは一九七二年四月であったということと、関連させて考えることもできるのではないか。

ちなみに、一九七四年一一月、札幌こむうぬの『めばえニュース』に掲載された「子殺しの社会背景を無視して報道する男とマスコミのクソセンスには腹がたつのです」という記事にも、マスコミ、とりわけ朝日新聞の偏向報道が取り上げられている。「五月には精神異常者＝犯罪者と決めつけたうえで、子殺しした母親は異常だったというキャンペーンを朝日新聞でやったのです」。「一〇月三〇日の花の地方新聞道新には、子殺しの母には、ノイローゼだった女が多いというどこかのセンセェの論文がのっていましたゾ」（溝口明代他編『資料　日本ウーマン・リブ史Ⅱ』松香堂、一九九二年、二四―二五頁）。

ところで、上野加代子のいうところによれば、児童虐待の問題に社会的関心がむかうのは、一九九〇年代である。一九八〇年代にはむしろ、児童虐待がなぜ日本では少ないかが、議論の焦点であった。それはたとえば人類学者の我妻洋の議論（「初婚年齢が低いこと、文化的装置としての「母性」が機能していること、親族・近隣のネットワークからのサポートがあること、小学校での全生徒の身体検査で子どもの怪我等が発覚しやすいこと、望まない子どもの数を中絶で減少させていること、殺人率の低さに表れているように破壊的な衝動が他者に向かうのではなく自殺という形で自分に向かいやすい文化であること、といった点をあげていた」）が典型である（上野加代子・野村知二『〈児童虐待〉の構築』一二頁）。つまり、日本文化の特殊性に児童虐待の少なさの要因を求める議論がまかり通っていたということだが、これもまた、リブによる問題提起へのバックラッシュの一例であったといえないか。

田中のように、「耳をすまし、子殺しの女の、声にならない声を聞かねばならない」と考える人はあまりいないだろうし、そこに何か切実な問題があると考える人もあまりいないだろう。田中は、この子殺しという問題を徹底的に考えていたのではなかったか。そういう観点から、田中の著書を読み直すことができるのではないか。[*8]

生産性の論理と子殺し

田中の思想の根幹には、働く男を支える母として妻として生きよという日々の圧力のもとで感じられる女の生きにくさを直視し、痛みを痛みとして捉え、それを解き放つことの可能な社会をつくりだしたいという思いがあった。女を生きにくくする社会の論理から、女を解き放ちたい、そういう思いだ。

田中は、女をこうした位置におとしめる論理は、いわゆる男社会というのでは捉えきれないことを認識している。女は母として、妻として生きよと強いるのは、男らしさの論理そのものではなく、むしろ、男らしさの論理を中核に据えて駆動する生産性の論理である。

田中は、この生産性の論理のなかでは男も被抑圧者として生きさせられていることを認識する。男はそこで生産性の論理に忠実な強さを要求される。

男は常に強くあらねばならない己れに合わせて、より強く、より早く走ることを己れに課していく。男は己れを創っていく中でしか、その存在を許されず、しかもその創り方はあくまで社会の大義に向けてであり、男にとって、己れを創るとは、己れを見失っていくに等しいことなのだ。[*9]

---

*8　花崎皋平も、田中美津の本に感銘をうけたといっている。だが彼は、それ以後のフェミニズム思想の発展には、関心を持つことができなかったという。なぜならそれの大半は「女性への抑圧だけを抽象して普遍化させる近代主義」だったからだ。「遅ればせに渉猟したフェミニズム文献中には、「進んだ欧米と遅れた第三世界」という認識の枠組をふまえて、欧米の最新の理論を翻訳紹介し、それを物指にして「遅れた近代人」としての女性を啓蒙し、「近代に追いつけ」と論ずるものがかなりあった」（花崎皋平『アイデンティティと共生の哲学』二六二頁）。女性の置かれた立場にしか関心を示さない思想は、おそらく男には理解できない。それはたぶん、じつは男の立場に立ちつつもそのことに無自覚な思想が、女には理解できないし、理解したくないというのと、構造的には同じだろう。田中の著作には、そういった女と男の断層線をも越えようとする思想的営為もあったのではないか。なお花崎は、別の著作で、リブの思想を「一般的に正しいと見なされる理論に引き回される他律性を払い落とし、個の生き難さ、生きる営みのなかでの痛さ、苦しさに即して「わたし」をつかみなおし、その痛みを究明することを通じて社会批判へ向かうという宣言であった」（花崎皋平『〈共生〉への触発』六九頁）と述べている。

*9　田中『いのちの女たちへ』五四頁。本書の田中美津読解は、花崎のこの指摘から、多くの示唆をえている。

男には、この自己喪失を痛みとして感覚できない。自分が被抑圧者として生きさせられていることを感覚できない。生産性の論理は、こういった痛みに対する無感覚をも、強制してくるものだからだ。そしてこの論理のもとで自らの痛みに無感覚になった男は、自然を打ち負かし、征服していく生産過程の担い手となる。田中はいう。

この社会の文明とは自然の恐怖を、科学技術をもって征服してきた歴史としてである。競争者を意識する中でしか己れを鮮明にしえない男にとっては、自然は打ち負かす相手ではあっても、己れの内なる恐怖(痛み)とわたりあわせるという、存在そのもので対峙し、コミュニケートする相手ではない。[*10]

生産性の論理に従順になった男は、己れの痛みに無感覚というだけでなく、征服され、蹂躙される自然の痛みに対しても、無感覚になっている。

幼き日々、私たちは自然を、たとえば海を、みずからの身体との直接的な対面を通じて、緊張感にみちた出会いを通じて、経験し、知るようになったはずである。

口にふくんでその塩からさを知り、耳をもってその響きを聞き、目を、鼻を、手足を、そして毛穴のひと穴ひと穴をもって海のやさしさと凄まじさに出会っていったはずなのだ。[*11]

だが、こういった出会いを通じて「海を知る」という経験は、小学校に入学し、高校から大学へと進学していくことにともない、次第に「知識を持つこと」にすりかわっていく。塩の割合、波のからくり、そういった客観的な知識が、海との出会い、海への感覚を、圧倒していく。海への感覚は、ときに、溺れたり、クラゲに刺されたり、海水を飲んでむせたり、目に水が入るといったとき経験される痛みをともなう。それに対し、海にかんする知識は、そうした痛みをともなわない。痛みがなくても、知ることはできる。それが習い症になると、海もまた痛みを感じていることが、わからなくなる。埋め立て、工場排水の垂れ流しといった海に対する陵辱は、こういった痛みに対する無感覚ゆえに起こるのだ。それが高度成長の裏ですすむ現実であった。「痛みと真向かうことなくとり去ることに効率を求めて、日本の高度成長はかちとられてきたのだ[*12]」。

この生産性の論理のもとで、女は、妻として母として生きることを強制されるが、女もやは

＊10　同、五七頁。
＊11　同、四四頁。
＊12　同、五八頁。

り、ここで感じているはずの痛みを痛いと感じることが阻止される。

女をメスとして生かすために、この社会は手をかえ品をかえ、その機構、その人間関係のすべてをあげて「お前はバカだ、無価値なのだ」と女の肉身に叩き込んでいく。その執拗な恫喝は、言ってみれば「このあたり一帯は包囲されている。無駄な抵抗はやめよ」と四六時中女を追いつめているに等しくそこへもってきて〈結婚こそ女の幸せ〉〈子供こそ女の生きがい〉という耳ざわりいい言葉がさしのべられれば、女という女のほどんどが、メスとして生きる道に、活路を見出そうとするのは〈女の意識性の低さ〉故の問題では決してあるまい[*13]。

女は、妻として、母として生きる以外に価値はないと思い込まされることをつうじて生産性の論理に加担させられ、下支えすることを強制される。つまり、生産性の論理に忠実になって働き、自己喪失し、己れの痛みにも他人の痛みにも無感覚になっていく立場に男が置かれていくことに対し、女は、男の労働を支え、さらにいずれはみずからも生産の論理に加担していくことになる子供たちを育てる役割に徹し、やはり自己喪失状態に甘んじるよう強制される。

こうしてみると、生産性の論理のもとでは、男も女も、痛みに対して鈍感にさせられている。とはいえ、その鈍感さは、生産性の論理に、いかなるかたちで、いかなる度合いで絡めとられているかによって異なっている。経済成長、効率性を絶対的に正しいと考え、その裏では、自然破壊が進んでいるということをまったく感覚できないような状態にあるか、それとも、この論理に絡めとられた状態に違和感を覚えるか、もしくは、耐えがたいと感じるか次第で異なってくる。

生産性の論理のもとでは、男も女も、痛みを痛いと感じることができないようにさせられている。たとえ痛みが生じていても、それを痛いこととして感じさせない装置が、いたるところに配備されている。痛みから目を背けさせ、鈍感にさせる、無関心にさせる、そういう装置が配備されている。

だが、こういった装置でも、絡めとれないことがある。子育てがそうだ。子育ても、己れには意のままにならぬ自然とかかわることである。自然との対峙は、一瞬一瞬、己れの全身全霊をかけての、生きるか死ぬかの対峙であると田中は述べているが[*14]、子育てこそ、そういう対峙だといっていい。わけもわからず泣きわめく子供を前にしているとき、人は、とてつもなく消耗する。おむつかえか、授乳か、抱っこか、何かをせねばならないし、何かをしても、泣き止むとはかぎらない。しかも育児の責任は、結局、子供の親が担わねばならない。寝たと思えば

＊13　同、二七頁。
＊14　同、四三―四四頁。

すぐに泣き出す。そのとき理由がわからないとなると、どこか調子が悪いのではないかと心配になり、よけいに消耗する。子供との対峙は、まさに一瞬一瞬の、いつ終わるともしれぬ全身全霊をかけての対峙であり、心身の消耗であり、痛みを蓄積することである（それは腰痛など、身体的な痛みの蓄積でもある）。

この消耗、痛みは、己れの心身がどれだけ装置に絡めとられていようとも、けっして、鈍感になることのできないものだ。もちろん、育児をしないなら、消耗することもないし、痛みを感じることもない。だが、子供を生かしていくためには、誰かがかならず育児をせねばならない。子供が生きていくことのできる生活の場をたえず誰かがつくりだし、整えていかなくてはならない。だからこそ、痛みは、子供が一人いるかぎりその分かならずどこかに生じ、蓄積していく。

この消耗、痛みの蓄積を引き受け、いかにして親も生きていくかが、子育てにおいては不可避的に、問われることになっていく。親もまた、子供と対峙し、日々を生き抜く過程で、子供とはどういうものか、子育てとはどういうことかを知り、みずからを変えていかねばならないのだ。

それは本当のところ、男親だろうと女親だろうと、ひとしく引き受けなければならないはずだ。授乳以外なら、男でも、多くのことができる。だがそれは、生産性の論理のもとで、できなくさせられている。生産性の論理は、子供との対峙、消耗、痛みの蓄積を、一方的に女に負わせる。母性、母子一体化幻想、子育てこそ女の生きがいといったイデオロギーは、この生産性の論理による強制を正当化するものでしかない。この論理、このイデオロギーのもと、女は一人で子と向き合わざるをえなくさせられる。

田中は、女がこうして一人で痛みを蓄積していく状況にあって耐えられる限度をこえるまさにそのとき、子殺しが起こると考えている。

子殺しの女――子供を殺させられてしまった女。

その行為の底に、女の性を生殖に縛りつけ、秩序化する体制に対する自己否定を我々は視る。しかし敵が誰かを鮮明にしえないままに最も手近い矛盾物を殺すという行為は、自然発生的にアンチ体制を表現しえても、その先行き止まり的な自己否定でしかない。[*15]

子殺しは、ひとりで子育てを背負い込むよう強制してくる生産性の論理にたいする反乱として勃発する、ということだ。とはいえ、この反乱の矛先は、本来向かうべき生産性の論理には

＊15　同、三一八頁。

差し向けられず、むしろそのもとで対峙させられている相手である子供へと向かう。なぜなら、この論理のもとで人は、子育ては女の仕事であるというイデオロギーを徹底的に信じ込まされているために、そこで痛みを蓄積していくことの要因を、明確に捉えることができないからだ。子殺しは母親の自己責任だという報道も、この要因を隠蔽する、イデオロギー装置の一環である。子育てにともなう痛みに我慢できないのは母性の欠如の現れだというバッシングは、女に子育てを負わせる仕組み＝生産性の論理の問題性から目を背けさせるものでしかない。

子殺しは、反体制的な行為であると田中ははっきり述べている。だがこの行為は自己否定的な行為でしかない。その反乱のエネルギーは、子殺しという方向に向かうべきではなく、生産性の論理へと、子育てを女に一方的に負わせる論理へと向かうべきであった。

田中はつづけてこう述べる。「これを自己肯定として、すなわち、女と子供が共に生きていく世界（共にに点がつくのではない）、私が私であることが他の誰ともまさつを引き起こさない世界へ自らを解き放つべく、支配権力に対し、退路を断った闘争主体として自らを現出することが今、我々に問われている[*16]」。蓄積される痛みへの耐えがたさからくる反乱のエネルギーを、子殺しではなく、生産性の論理から解き放たれた別の世界の創出に向けていくとき、そこに解放の拠点が形成される、ということだ。それが田中のいうコレクティブ（集合体）である。つまり、「出会えない体制の中で、最大限の出会いを追求していく場[*17]」である。

出会いを追求する場とは、もちろん、ただ漫然と集まることを目的とする場ではない。それは田中がいうように、「共」に重きがおかれるのではなく、「生きていく」ことに重きがおかれる場のことである。生産性の論理のなかへと絡めとられ、強制的に分断され、出会えない体制のもとで圧迫された状況からみずからを解き放ち、生きていこうとする、そういった能動的な意志により創出される集合的《コレクティブ》な場のことである。

これは、痛みから解放されるということではない。子とともに生きているかぎり、痛みはどこかに生じるし、蓄積していく。問題なのは、痛みがどこかでは過度に蓄積しどこかではまったくやり過ごされていくという、不平等な関係形式である。痛みがあまりに過度になり、耐えがたいほどにまで蓄積されてしまう、そういうところに虐待が、育児放棄が起こる。痛みがどこかで過度にならないような関係形式のための場の創出はいかにして可能であるかを問うほどにまで考察をすすめていかないかぎり、子育ての厳しさをめぐる問題は、どうにもならない。[*18]

＊16　同、三一八頁。
＊17　同、三一八頁。

子どもコレクティブという実験

一九七二年四月に刊行された『いのちの女たちへ』が書かれたのは、まさに田中がみずからのコレクティブで暮らし、共同生活している最中だった。四〇日で書き上げられたこの著書の刊行後、[*19]リブ大会が開催され、それから新宿リブセンターが設立される。田中の思想は、じつにこうしたコレクティブの形成とそこでの生活という日々の実践の只中で、紡ぎだされたものだといえる。

『いのちの女たちへ』の最終章「コレクティブの今日・明日」で述べられているように、コレクティブでの生活は、けっして和気あいあいとしたものではなかった。出会えない体制のなか

＊18　リブ運動のコレクティブの実践については西村光子の『女たちの共同体』（社会評論社、二〇〇六年）で簡略に紹介されているのでこちらを参照されたい。

ちなみに大越愛子は、子供コレクティブを、「母子一体化幻想」を破壊するための実践と捉える。「それは「勝手に産む私」と「勝手に産まされるおまえ」という対立しつつ共存しあう他者関係の地平を開く」ためのものである、というわけだ。そして大越は、このような対等な人間関係の形成は、日本のような母性幻想の根強い文化風土では困難であるという（大越愛子『フェミニズム入門』ちくま新書、一九九六年、一三三―一三四頁）。だが、母子一体化は、母

性幻想という文化的要因だけで説明できるだろうか。むしろ、授乳、おむつかえ、食事の世話、風呂などというように、絶え間なく世話されることを有無をいわさず要求してくる子供という存在のあり方を、考えてみる必要があるのではないか。この要求が過度に母親一人へと向けられてしまう状態をなんとかしようとするところから、子供コレクティブという課題が提起されている。母と子の自立した対等関係は、とりわけ乳幼児段階においては、理想としてはありえても現実的には不可能に近い。

たとえば、「すべての子供と共に生きようとしているおんなたちへ！」と題されたビラを参照のこと。「子供と共に生きること……それは子をもつおんなたちすべてに課せられた永遠の課題だ。だが、まちがえないでほしい。子供と共に生きるんじゃない。子供と共に生きるんだ。子あってのおんな、母親あっての子供、そんなのじゃ絶対ない。子供もおんなも本当に生きていると感じられる生き方、それだ」。「案の条、眠い目をこすりながらオギャーッと泣く赤ん坊に「泣かないでえ！」そう叫んで、気の長い（？）父親にたしなめられる日が続いた。そしてある日、私は赤ん坊の世話をいっさい捨てた。もう一歩のところでメチャクチャに気の狂いそうな、はりつめたものがあった。やっと一ヶ月たってはじめて、お乳をやりながら、かわいいなと思った。徐々に余裕をもつようになった私は、自分を子供を彼を見つめはじめた。私のまわりで生きる〈主婦〉たちをも。自分で選んでしたことだったが、保育園はあきらめざるをえない状態、その時となっては、子供も育てたかったし、自分も本当に生きたかった。生むために結婚した。だが今私や彼が何をおもおうと、サラリーマンである。夫である彼の生活、それから生まれて数ヶ月の赤ん坊を抱えた妻としての私の生活は、ゆるぎようもなく続いている。彼と私を夫婦という名のもとにしばりあげている結婚制度というものを再認識せざるをえなくなった。しばられている親たちに育てられる子供だって災難だなと思う」（溝口明代他編『資料日本ウーマン・リブ史Ｉ』松香堂、一九九二年、二四六―二四七頁）。

＊19　田中『いのちの女たちへ』三八三頁。

で分断された自分たちの痛みの内実をごまかすことなく表明し、直視し合う、共同性はそのために形成されるのであって、傷のなめあいのようなものではないと、田中は考えている。

共同体はたてまえであり、願望である。女同士、背を向け合って生きている不毛さから抜け出したい、そういうところから始めている。であるがゆえに、現実に生きられているコレクティブは、つねにこういった願望としてのコレクティブとは違ってしまう。日常の暮らしでいかに自分たちが背を向け合っているか、分断されているか、出会えないかを、痛感しつつ共に生きる。そこで、いかなる共同性が可能であるかを共に問う。

思うに、それはあまりにも過酷で、難しいことだったのではないか。たてまえとして、願望として、子供を含み持つコレクティブなる展望を提起するのは難しくない。だが、それを実際に実行するのは、かなり困難なことではなかったか。その過酷さ、困難は、日々の些細なところにおいて、つねに、現れていたのではないか。田中は、興味深いことを述べている。


間借りしていたところの障子をコレクティブ唯一の男であった十ヶ月の零《れい》が破いてしまうと、誰も貼り手がでてこない。母親の武ちゃんは、まず一番に、あたしゃ知らんよという顔で横を向くし、他の女たちは、心のどこかに子供の後始末は母親がやるもの的な気持をもっているから、障子の破れさえ目につかぬ。あたしは年の功で、障子の破れ位は目に入るが、とにかくおカァちゃん役はゴメンだの想いがあるから、見て見ぬ振りで放っておく。三者三様の思いに、大家の怒りが加わって、いつまでも貼られない障子を中に四つどもえの無言劇が演じられる――。破れた障子は、あたしたちの関係性の質を明示する[*20]（強調は引用者）。

子供とともに暮らすとは、こういったどうしようもない徒労を誰かがその都度引き受けていくことである。子供と一緒にいても、楽しいことばかりではない。楽しいことよりも、大変なことのほうが圧倒的に多い。その痛みをともなう徒労をずっとやり過ごすことはできない。障子は、いずれまた破られるという見通しがあろうとも、破れたからには直さねばならぬ。にもかかわらず、誰も直そうとしないために、放置されている。

複数の女が、子供とともに暮らすとは、一人の女が子供にかかりきりにさせられてしまう状況を打開すべく、母親でなくても子供の世話をすることである。これがコレクティブの理念であるはずだ。だが、障子の破れ目が放置されるということに典型的に明示されているように、そういった共同の育児は、ものすごく大変だったのだろう。十ヶ月では、まだまだ授乳も頻繁であるし、夜中の授乳も大変であるし、おむつももちろんとれていない。ミルクであるならば、

*20　同、二八九頁。

母親以外の他の女でも世話できる。だが、ではいったい、誰がやるのか。そういった大人たちのあいだの緊張にみちた駆け引きとはかかわりなしに、子供は泣く。放置はできないから、その都度、だれかがやらねばならない。

誰かがやるということは、誰かが楽をすることだ。短時間、誰かの子供を預かるというのなら、可能だ。しかし、それがいつ終わるともしれぬ間中、他人の子供とともに暮らし、しかも世話しなくてはならないというのは、やはりきついだろう。

そもそもが、一人の女に子育ての辛さが集中し、痛みが蓄積し、虐待が起こってしまうという、生産性の論理に絡めとられているがゆえの構造を、どうやって打破するかというところから始められたのが、女だけの子供コレクティブであるはずだ。にもかかわらず、現実のコレクティブは、理念とは乖離した状態にある。障子の破れ目が放置されていたというエピソードには、皆が皆、疲弊し、子供に向き合うことを拒否していたということが、現れているのではないか。

生産性の論理のもとで女が子供を殺させられてしまうという問題の立て方は、的確である。それは、今においても続発している虐待を考えるうえでも、きわめて示唆的なものである。だが、その問題の解決として提起された、子供コレクティブという実験は、適切なものであったのかどうか。

新宿リブセンターが設立されるのとほぼ同時期、子供コレクティブ「東京こむうぬ」が立ち上げられる。三組の母と子だけでなく、子育てに関心のある独身男や女をも含み込むコレクティブは、おおよそ三年続き、解散する。「東京こむうぬ」のメンバーだった武田美由紀は、「ぐるーぷ闘うおんな」の初期メンバーでもあり、田中とは浅からぬ縁であった。が、じっさいに自分の子供を抱えつつ、共同保育の実践をこころみたからか、当時は子供のいなかった田中以上に、子供コレクティブの困難と可能性を実感していたように思われる。つまり、生産性の論理への批判、出会えない体制のなかでの出会いの模索といった展望は、理論的には可能であっても、それを実際に、子供を含み込む状態で実現するというのはものすごくむずかしいということを実感していた。

一九七五年三月に出された「「東京こむうぬ」解体――その総括」では、子供コレクティブの困難をめぐる逡巡が、濃密に物語られている。[*21] それは、誰にも出会えない体制のもと、孤立した状態で、女ひとりで子育てを抱え込まされてしまう状況を打開するべく、誰かれとなく子供をめんどうみあうなか女同士の具体的なかかわりあいを再構築する試みであった。だが、アパート一軒借り切っていとなまれていたこの共同生活においては、日ごとに地道にくり返される

＊21　溝口明代他編『資料　日本ウーマン・リブ史Ⅱ』松香堂、一九九二年、三三一―三八頁。

暮らしが次第に行き詰まっていく。

行き詰まりの要因としては、まず、「東京こむうぬ」の生活は、隣近所とのかかわりを軽視したために、それとは無関係に、自足したものとなってしまったことがある。そこには、生産性の秩序のもとにある人々とは、相互理解は不可能であるという思い上がりがあったのではないかと、武田はいう。「「結婚生活に安堵した奥さんやダンナがいっぱいで、何言ったたって何やったって否定されるだけサ」という偏見、あきらめ」。孤立を強い、女を子育てに結び付ける体制の欺瞞に自覚的で、批判的な立場をとろうとする者にしてみれば、これに従順になっている人々は、敵でしかないのかもしれない。だが、「世の中ダメだ」といい、このダメな世間から離脱したところで自分たちだけの自己完結的な理想郷をつくりだそうとしても、それでは、世に厳然と成立している生産性の論理にはたらきかけていくことにはならない。生産性の論理に従順な人々を侮蔑し、そこから離脱した自分たちを高みにおいてみたところで、それはただ、どこか変わった人たちの集団とみなされてしまうことにしかならない。

「東京こむうぬ」の人々は、生活ということがわかっていなかったのではないかと武田はいう。地味なこと、日常性というものを、おろそかにしてきたのではないか、と。

あたりまえのことが、きちんとできなくてユニークさやおもしろさだけをねらうのは、虫が良すぎるというもので本物ではありません。あまいしるだけすって充分楽しもうと思うなら矛盾を苦しさを、自分の手の中で楽しさに変えなければなりません。だから人が住むこと、生活することが、庭の手入れや物の干し方に象徴されるような、あたりまえすぎる事が、きちんとできないところでの「東京こむうぬ」の空間はいったい何？[*22]

なにゆえにあたりまえのことをきちんとせねばならなかったか。それは子供がいたからである。子供は、育てられることを要する存在である。子供はどういうところにいても、世話されなくてはならない。大家族であろうと、核家族であろうと、共同生活であろうと、子供の世話というものは、基本的には同じである。寝ることと食べること、遊ぶこと、そういった基本的なことが、絶対に必要である。しかも、幼子であればあるほど、子供は、そうしたことを一人ではできない。誰かが世話をしなくてはならない。であるがゆえに、世話をする、部屋を整える、そういった基本的なことをしっかりやるということが、生活の基礎として、地道に営まれなくてはならない。それがなかったのではないかと武田は問う。子供は母親が育てなくてはならないという通念にたいする反対は、かならずしも、子供を育てるということ自体を蔑ろにし

＊22　同、三五―三六頁。

ていいことを意味しない。問題なのは、子育てが、子を産んだ女に過度に押しつけられていることである。それをどうするかが、共同保育の生活においては根本的な課題であったはずが、どうにもこうにもできなくなった。

「子供には母が絶対必要で、必ずしも母親がめんどうみなくてもいいということ。矛盾ではないのです。産んだ女が母ではないということ、産まなくても子供を育てられるということ、育てる女が、子供に、物事の基準をつくってあげること、それが母です」[*23]。ここでいう「物事の基準をつくる母」は、いわゆる母性なるものとは、区別されるものとして考えておくべきではないか。母子一体化幻想を強いる母性は、産んだ女が子供にかかりきりになり、すべてを教えなくてはならぬというイデオロギーである。だが、子供が母を必要とするというときの母は、子供がそもそも世話を必要とし、つねに定まらず、日ごとに新たに形成され、成長していく存在であることとゆえに要請される、育て、導く役割のことをいう。だからかならずしもそれを母という必要もない。子供が暮らし、成長していく環境を整え、生活の基本（「判断の基準」）をわからせていく、そういう役割のことだ。

こういった総括をふまえ、「東京こむうぬ」は、最終的には共同保育所の設立に至り、解散する。それは、母親が子供をひとりで抱え込まされ、仕事もできず、育児で一生を終えてしまうことにたいする、もっとも現実的な代案であった。そのかぎりでは、「女と子供が共に生きていいい世界（共にに点がつくのではない）、私が私であることが他の誰ともまさつを引き起こさない世界へ自らを解き放つべく、支配権力に対し、退路を断った闘争主体として自らを現出することが今、我々に問われている」という田中の問題提起から、ずいぶんとかけ離れてしまったといえなくもない。保育所は、ある意味では、生産性の論理の補完物といえなくもないし、専業主婦と保育所に子供を預ける女とのあいだにあらたな溝を走らせてしまうものといえなくもない。

だが、「東京こむうぬ」にかぎらず、共同保育所の必要性は、全国各地のコレクティブで議論されていた。そのいくつかは実現した。のみならず、今も存続している。[*24] 七〇年代以後も、核家族化は進行し、さらに、現代における非正規雇用の増大は、共働きを必然的に要請する。にもかかわらず、保育を市場原理に包摂しようとする、そういう圧力が増しつつある。[*25] そうしたなか、子殺しは相も変わらず起こっている。そしてメディアの「鬼母」キャンペーンも止むことがない。この状況において、コレクティブの実験と、そこから導きだされた保育所に関する議論は、重要性を増しているというべきだろう。

＊23　同、三六頁。
＊24　『女たちの共同体』の著者である西村光子当人も、川崎市で、たつのこ共同保育所の設立にかかわった。保育所の詳細についてはホームページを参照されたい。http://page.freett.com/tatsunoko/

生産性の論理からの解放

藤田省三のいう「安楽」への全体主義なる体制は、子供が生まれてくるかぎり、絶対に完成しえないものであると、考えておくべきである。一九八五年に藤田は、「抑制のかけらも無い現在の「高度技術社会」を支えている精神的基礎は何であろうか」と問いを発してこう答える。「それは、私たちに少しでも不愉快な感情を起こさせたり苦痛の感覚を与えたりするものは全て一掃して了いたいとする絶えざる心の動きである」[*26]。

疑問に思うのは、この動機、願望は、社会生活の全域にまで貫徹しうるのか、ということだ。「その包囲網は、私たちの社会的存在地点（職場やその他の暮らしの場）をも組み込んでいる構造的なもの」[*27]であると藤田はいうが、それは、子育てという営みをも、組み込みうるものだろうか。たしかに、保育所をはじめ、子育ての辛さを軽減してくれる仕組みはあるにはあっても、それはあくまでも軽減であり、除去ではない。

子育てにおいて、不快を呼び起こすもとのものを除去したいという願望は、子捨て、子殺しとして現実のものとなる。そうならないためにどうしたらいいか、田中の思想の核心には、この問いがつねにあったのではないか。問題なのは、苦痛を、不快を呼び起こすものとの対面の機会を除去する体制ではない。むしろ、そういう体制によってはけっして除去することのできない対面の機会において生じてくる痛みが、過度に一部の人間に蓄積し、耐えがたいほどにまで濃縮されていくことである。生産性の論理のもとで痛みが一部の人間に押しつけられていることであり、しかも、その一部の人間以外はまったく無関心である、ということである。

藤田の議論では、一部での不快の除去の裏面で、どこかで他の誰かが不快を押しつけられ、痛みを蓄積していくという構造を、捉えることができない。これに対し、田中は、子殺しの要因を徹底的に問い詰めることで、生産性の論理というものが私たちの生活に課せられているこ

＊25　詳しくは、近藤幹生が非常にわかりやすくまとめているのでこれを参照されたい（近藤幹生『保育園「改革」のゆくえ　「新たな保育の仕組み」を考える』岩波ブックレット、二〇一〇年）。簡単にいえば、待機児童が増大している状況にたいする解決策として、従来型の公的責任のある認可保育園の増設によってではなく、民間（営利企業である株式会社）からの新規参入を認める、ということだ。これは、保育の営利化を促していくこととなりかねない。近藤は述べている。「保育園運営においては利益を生み出すという発想自体に問題があることがわかります。もし利益を追求しようとすれば、職員の人件費や子供への処遇を低下させるしか方法がありません。ことばは悪いのですが、職員を安く雇用すること（正規職員の割合を減らし非常勤雇用を増やす）や、給食費・保育材料費などを切りつめるしかないのです」。

＊26　藤田省三「「安楽」への全体主義」三八七―三八八頁。

＊27　同、三九八頁。

とを見抜いた。田中のいう生産性の論理は、藤田のいう生活様式における全体主義とは、似て非なるものである。それは上から画一的に課されるものというよりはむしろ、男と女をそれぞれに絡めとり、その間に抑圧／被抑圧の関係性を構築していく論理である。であるがゆえに、この論理のもとでは、かならずしも皆が皆、一様に圧迫感を身に覚えるとはかぎらない。痛みは、不均等的に配分され、蓄積される。

この論理に絡めとられて凝固している状態を打開するにはどうしたらいいのか。解放はいかにして可能か。これが田中の究極的な問いだった。だが、それはただ、女だけのコレクティブをつくるという実験では、解くことのできない難問であったのではないかと思われる。生産性の論理のもとでの痛みの過度な蓄積は、ただ子殺しに現れるだけのものではない。それを田中は、「誰にも出会えない体制」のもとで起こることと捉える。その直観的な思考には、男と女、男同士、女同士、もろもろの関係性が生産性の論理のもとで分断されていく体制においては痛みが不均等に蓄積されるということを捉えうるほどの射程があった。抑圧／被抑圧の関係性が構築されることにより出会えなくなることの問題をとらえた田中の思考は、じつは、安楽の全体主義や公共性の衰退といった議論の先をゆくものだった。

田中の思考の矛先は、つまるところ、生産性の論理の基礎にある近代合理主義に向けられていたといえるだろう。それもたんなる反対や、対抗といったことではなく、自然への敬意、創造性という立場からの批判である。それの根拠となったのが、女の内なる自然である、「子宮」であった。「この社会の文明とか申すものが、唯一征服しえなかったものが、女の子宮が胎む自然、その恐怖であった」[*28]。田中は、そもそもが生産性の論理にはなじまず屈服されるはずのないものが、女の身体にそなわっていると考える。それが子宮である。子宮をもつがゆえに女は、生理や出産などという出来事にみまわれ、そのつど自然と対峙し、その生命力の流れに身をさらさなくてはならない。

だが田中がいうには、生産性の論理のもとではこうした自然すらもが「物化させせられてしまう」。妊娠し、子どもを産み、育てるという営みが、自然の生命力の流れから切り離され、経済発展のための原動力へと変換されてしまう。田中が呼びかけたのは、この切り離し、変換からの解放だったといえるだろう。すなわち、みずからの内なる自然との対峙、出会い直しである。

それは、人間において文明化されえないはずの領域である「いのち」の場の復権をきっかけにして、人間-自然の流れを新たに創出し、新たなる社会をつくりだそうとする試みだったのではないか。それは、近代合理主義に対する対抗、反対というよりはむしろ、人間と自然の根本的な一致という確信のもと、それが切り離されている状況からの脱出、解放を呼びかけるもの

*28　田中美津『いのちの女たちへ』二〇八頁。

だった。

誰にも出会えない体制、抑圧／被抑圧の関係性

生活という組織体の綻び、失調は、知覚しがたいところにおいて起こっている。たしかに、その兆候は、貧困と格差、若年層の失業、議会制民主主義の機能不全、地域共同体の衰退、環境汚染などというように、政治・経済システムや社会制度の問題として捉えることもできるかもしれない。

だが、これまで本書で考えてきたのは、生活の失調は、制度や構造の不調というのでは捉えられないところで起こる事態ではないのか、ということだった。それは、人間の集団的な存在様式が綻び、関係が成り立たなくなり、一緒に暮らしていくことが難しくなっていくことの問題としかいいようのない事態として、捉えることができるのではないか。ガタリのいう「感性、知性、欲望の分子的領域」で起こる失調状態であるといえるだろう。それゆえに、この失調は、普段は知覚しがたいところで進行している。虐待や殺害などというようにして何かが起こってしまうことでしか、顕在化しない。

田中美津が考えたのは、まさにこの分子的領域における失調であった。その兆候は、痛みと

して感知される。しかも、それは往々にして、私的領域という隠された領域の内部で感知される。個々人が身を置く隠された領域で感知される痛みがどういうものであるかについては、他人には、容易には理解しえない。それは、まずは各々なりに感覚し、その内実を問い詰めることを要する。そこからしか、生活の失調を問題化することはできない。

問題なのは、痛みを抱えた個々人が孤立していることだと、考えることもできるだろう。痛みの個人化、私事化がすすんでいることの問題である、というように。

宇野重規は、バウマンの議論を参照しつつ次のように述べる。現代は、社会的不満の個別化・断片化が進んだ時代状況にあるが、それをいっそう深刻化するのが、「公的な問題と私的問題の間に適切な架け橋がないこと」である。不満から発される「異議の分散、すなわち、異議を凝縮し、それを共通の大義につなぎとめ、それを共通の元凶にむけることの困難さが、苦痛をより厳しいものにしているにすぎない」。このように共通の大義が欠如した状況にあって、どうしたらいいのか。宇野は、公的領域と私的領域のあいだをつなぐ領域の重要性を説く。つまり、私事化された不満を、個々人の私的領域内部に閉じ込めず、公的領域へと架橋していく領域が必要であるという。[*29]

＊29　宇野重規『〈私〉時代のデモクラシー』岩波新書、二〇一〇年、九九―一〇一頁。

たしかに、こうした領域の形成により、不満は軽減できるかもしれない。だが、痛みを生じさせている要因としての、失調状態にある生活の組織体は、それだけで活性化できるだろうか。隠されたところで抱え込まされた痛みは、他者と不満を共有し異議申し立てを行なうための領域に移し込まれたそのとき、痛みとは別種のものへと、変わってしまっているのではないか。この領域もやはり、痛みを痛みとして感覚させない、鎮痛剤のようなものになりかねないのではないか。

田中がいうように、己れの痛みを他者と共有することは困難である。他者の痛みをみずからのこととして共有することも困難である。痛みを不満として意思表示し、異議として凝縮し、共通の大義へとつなぎとめていくというのは、じつは、痛みの内実を問い詰めていくこととは別のことである。田中がいうのは、不満の意思表示だけではどうにもならない状況を私たちは生きている、ということだ。

田中のいう「誰にも出会えない体制」は、かならずしも、共通の大義のない状況を意味しない。共通の大義のもとで「誰にも出会えない体制」が温存されるということもありうる。ガタリの議論を援用しつついうならば、誰にも出会えない体制の変革は、「集団的な存在様式を文字通り再構築する」ことをつうじてのみ、可能となる。公私の区分線とはかかわりのないところに生じている、感性と知性と欲望が交錯している集団的な生活の主観的領域が失調している状態を、活性化させる、ということだ。

痛みという感覚は、こういった集団的な主観的領域が活性化しているならば、共に感じとられ、共有されることもあろう。だがこれが失調しているならば、痛みは、ひとりひとりで抱え込まざるをえなくなる。

誰にも出会えない体制とは、集団的な存在様式を失調させる体制であるということになろう。そこでは、出会えないという関係性が、各人のあいだに重層的に張り巡らされている。「抑圧と被抑圧の重層的なかかわり」としての関係性を生かされる、ということだ。それは、「つながり」が欠如しているがための孤立といったことではない。出会えない体制においては、抑圧／被抑圧というあり方での「つながり」が、成立している。


被抑圧者同士の抑圧／被抑圧は、社会という布地に解き難く縫い込まれているのだ。それをさして、階級社会とは〈誰にも出会えない体制〉だという風にあたしは云っているが、とにかく、被抑圧者にとって、抑圧／被抑圧とは一体となってその存在に胎まれるものとしてあるのだ。[*30]

*30 田中美津『いのちの女たちへ』二四七頁。

抑圧と被抑圧は、はっきりと二分できない。誰しもが、完全なる抑圧者にはなれないのと同じく、誰しもが、完全なる被抑圧者の立場に居直ることもできない。誰もが、なんらかのかたちで抑圧者であると同時に、被抑圧者でもある。そういった抑圧／被抑圧の関係の連鎖のなかに組み入れられているところから、痛みが生じてくるのだ。

抑圧／被抑圧の関係の連鎖について、田中は、「男に対しては女、大人に対しては子供、若者に対しては老人、一般人に対して被差別部落民、大和人《ヤマトンチュ》に対しては沖縄人《ウチナンチュ》、そして五体満足な者に対しては身体障害者、被爆者であり、日本人に対しては在日朝鮮人、中国人であり、また同性愛者でもある」[*31]と列挙していく。もちろんここには、正規雇用に対する非正規雇用、富裕層に対する貧困層、中央に対する地方、都市に対する農・漁村といった関係性を付加できる。

それは、抑圧／被抑圧という関係形式において出会うことができない、ということだ。分断、関係性の希薄化、排除、無関心、他者の忌避というのでは、みえないことがある。出会えず、孤立してしまうのは、開かれた公共空間の衰退ゆえのことだけではなく、抑圧／被抑圧の関係性に絡めとられていること、この関係性において互いに関わるよう強いられていることの問題である。

田中が強調するように、この関係形式は、抑圧者と被抑圧者の対立や敵対関係などという単純化された図式では捉えられない。みずからを一方向的に加害者（抑圧者）の位置に設定し、被抑圧者に対する内なる差別感情を自己批判し、謝罪するといった論理では、捉えられない。そういった論理は、自分がじつは被抑圧者でもあるということを見落してしまう。つまり、被抑圧者として、日ごとに痛みを感じているということを、忘却してしまう。そこにある、ねじれた思いがいかなるものかを、田中は見抜く。「抑圧―被抑圧を一面的にとらえる意識下には、被抑圧者は惨めな存在という思いがとぐろをまいており、抑圧者である自らの日常に安堵する闘争主体の醜さがほの見える」[*32]。自分を抑圧者、加害者の位置に置こうとするのは、自分は悲惨ではない、可哀想な被抑圧者ではないと言い聞かせようとすることである。代弁あるいは同情は、この位置を条件とするが、これもまた、自らの痛みを痛いと感じず光の中に生きていると思い込ませる方途であるといっていい。

田中は、抑圧―被抑圧という一方向的な関係形式と、抑圧／被抑圧という重層的な関係形式を、区別している。後者の関係形式にたいする洞察を通じて、人は、抑圧しつつ抑圧されるという生き方を誰もがこの世で強いられることを、おぼろげながらも知ることができる。痛みはここに生じてくるが、その強度は、人がこの関係形式のいかなるところにいるかによって、変わってくるだろう。被抑圧の重層性の度合いが高ければ高い分、痛みの程度は強烈になる。

＊31　同、二一九頁。
＊32　同、二五三頁。

痛みと出会い

田中によれば、痛みに対して取りうる姿勢は三つある。

一つは、痛みを痛いと感じないでいることだ。闇の中にいるのではなく、光の中にいると思い込もうとすることだ。それは、テレビや新聞や週刊誌、あるいはウェブの世界に浸り、現実世界の闇を、忘却しようとすることである。あるいは、さまざまな人と出会うことのできる開かれた公共空間に出かけ、そこで多数多様な人々と交流することによって、痛みを生きているという現実をきれいさっぱり忘れてしまうことである。

もう一つは、痛みを徹底的に抱え込み、我慢の限度を超えてしまうことだ。痛みは、その内部に身を置く人間にしか感知されないし、結局のところ、その痛みの要因を突き止め、打開することのできるのは、そこに身をおく人間だけだ。だが、それがもう手の施しようのないほどにまでこじれ、痛みの度合いが高まり、我慢の限度を超えるときがある。それが犯罪となって、あるいは自殺となって暴発する。この極限的な出来事において、はじめて、抱え込まれた痛みの内実が、他者の目にあきらかになる。

もう一つが、出会いの場をつくり出そうとすることである。

それは、かならずしも、相互理解の場とはならない。田中がいう出会いは、互いのことをわかりやすい言葉で理解し合うこととは違う。「痛みを原点にした本音とは、その存在が語る言葉であり、あたしたちの〈とり乱し〉に対し、ことばを要求してくる人に、所詮何を話したところで通じる訳もないことだ[*33]」。つまり出会いの場は、こういったわかりやすいコミュニケーションの場、共有の場とは違う。痛みを痛みとして抱えたまま、それも、けっして他人には共有しえない痛みを抱えたまま、出会っていこうとする場のことだ。

この場は、〈誰にも出会えない体制〉において、誰もが互いに「寝首を掻き合う」抑圧／被抑圧の重層的な関係において、各人の内部に痛みを抱え込むことを強いられる体制のさなかで、作り出されなくてはならない。「出会っていくということは、なぐさめるのでも、抱きかかえるのでもなく、互いに共有しえない闇の、その共有しえないということの重さを共有していくことなのだ[*34]」。

己が抱え込まされた闇を、闇として直視する。それを直視するならば、他人もまた、何らかの闇を抱えているということを知るだろう。もちろん、他人の闇は共有しえないものであり、安易な相互理解など、不可能である。それでも、闇を闇として直視するという営み自体を互い

＊33　同、八九頁。
＊34　同、一六五頁。

につきあわせていけば、闇を闇として感知させない、痛みを痛みとして感知させない生産性の論理に従順な生き方とは別の生き方が見出されてくる、おそらく田中はこう考えている。

水溜真由美が指摘するように、田中がいう痛みは、女の、あるいは他のマイノリティの専売特許ではない。田中は、男も痛みを抱えた存在であると考えている。日本のエリート男性は、支配者・権力者ではなく、むしろ「奴隷頭」である。「競争馬と鼻面競う中で、己れを明らかにすべく作られた男の歴史性が、男をとり乱させない。男に本音を言わせない」という田中の言葉は、己れの痛みを痛みとして直視することさえ許されていない男性たちの抑圧の深さを示唆するものだ。[*35]

男も分断されている。競争原理にさらされ、誰にも出会えないいなか、痛みを抱え込み、鬱屈した状態にある。そして、「男らしさ」なるものが、弱音を吐かせぬ圧力となってのしかかる。そういった圧力のもとで男が弱るとどうなるか。酒井隆史は、ここに暴力が発生するという。酒井は、映画『仁義なき戦い』の脚本家である笠原和夫の発言を踏まえつつ、こう述べる。

「殺人という異常行動は、やっぱり自分が一度、本当の被虐者になったことがないとできないんですよ。要するに、自分が受けた屈辱を跳ね返したい——つまり、男になりたいと……やっぱり暴力というのは、男が自分の勃起力を自覚した時、初めて生まれるものでね……」…

…ここで笠原が言おうとしているのは、暴力の発生するときは、理念的な「男らしさ」とみずからの「無力（不能）」の亀裂を埋めようとする運動があるのだ、ということだとおもいます。みずからの「無力（不能）」とされる状態の否認です。ここはいわゆるDV（ドメスティック・ヴァイオレンス）の問題とも関連するかもしれません。[*36]

男の場合、痛みは無力と感じられ、それが亢進した挙げ句の果てに暴力が発生する。もちろん、痛み＝無力は、結局は一人のものであり、安易に共有することはできない。だがもしかしたら、暴力は共有できるかもしれない。酒井が指摘するように、無力の否認から導きだされる暴力の共有が、戦争に帰結すると、考えることもできるだろう。となると、水溜がいうように、田中が希求した出会いをめぐる問題は、けっして女に限定されるものではないと考えることができる。[*37]男もやはり、誰にも出会えない分断体制のもと、各人が痛みを抱え込まねばならないという状況を生きているからだ。

＊35　水溜真由美「「シスターフッド」を超えて　リブと田中美津」『社会思想史研究』第二八号、二〇〇四年、一五一一六頁。
＊36　酒井隆史『暴力の哲学』河出書房新社、二〇〇四年、一二〇頁。
＊37　水溜真由美「「シスターフッド」を超えて」一九頁。

各人がそれぞれに、違う闇を、共有しえない闇を抱え、痛みを感じているというとき、その各人の性別をとやかくいう必要があるだろうか。女が書いたものだから、男にはわからないし、だから読まなくてもいいということにはならない。田中はいう。「女になることはできなくても、女について考えることはできるんだ。それは自分について考えることでもあるんだから。例えば、オレはなんで頭のいい女が嫌いなのかとか、自分だけのために存在してくれる女を求める気持とは何かとか」。彼女が苛立ちをおぼえるのは、「ウーマン・リブを女の専売特許だと決めてかかる男の、その傍観者ぶり」にたいしてである。[*38]

だが、田中がいうには、〈男らしさ〉の圧力を生じさせる論理は、裏面に、〈女らしさ〉の圧力を生じさせる論理を隠し持つ。そのかぎりでは、男らしさを強いられることによる痛みと、女らしさを強いられることによる痛みの違いを、ただ「違う」(=多様性)などといって済ますことはできない。

男らしさは、「企業の大義、その生産性の大義を奉る方向で、自己凝固を強制される」というようにして課されてくるのに対し、女らしさは、「自己拡散を女に宿命づける抑圧」である。両者は非対称的であるというだけでない。男らしさの論理(近代合理主義)は、女らしさの論理の強制と維持を、その条件とする。つまり二つの論理のあいだには、抑圧/被抑圧の関係性が成立している。

よく女たちが、洗濯掃除料理育児etcに追われていると、こまぎれ思考しかできなくなると嘆く。そういう日常の雑事を全て女に押しつけたところで、男は、企業の（又は闘いの）生産性が要求する自己凝固の方法論を修得してきたのだ。[*39]

この違いのせいで、痛みに対する感度は、まったく違うものとなる。生産性の論理に従順であればあるほど、痛みにたいする感度は鈍いものとなり、体制の価値観を参照せずに闇を直視しようとする姿勢が、弱くなる。とはいえ、それはただ〈男らしさ〉に特有のことではなく、その補完物である〈女らしさ〉もまた、痛みを痛みと感じさせないイデオロギーとして、機能しているのであるが。

痛みを直視するとは、体制の価値観に従属せず、痛みを痛いと感知させない装置に絡めとられることなく、自分の生きにくさを、痛みを、痛いこととして感知しようとすることである。それは、生産性の論理に絡めとられている自分と、そこから逸脱したところで、本当に痛いと感じているはずの自分とを対峙させ、前者の欺瞞性を自覚しようとすることである。そこから

---

*38　田中美津『いのちの女たちへ』八頁。
*39　同、二〇二頁。

しか、生産性の論理からの解放の道は見えてこない。

そして痛みを負ったということは、「人間」であることのまぎれない証しだということも又、知るのだ。むろんなにもかも急にわかるのではなく日々の生き難さの中でもう少しもう少し手は伸びないものか、と模索しつつ視えてくるものは視えてくるのだ。*40

誰にも出会えない体制とは、人々を抑圧／被抑圧の関係性に絡めとりつつ、そこから生じているはずの痛みを感知させせない体制である。であるがゆえに、ここに生じている痛みを痛いと感じ、その内実を徹底的に問い詰めることは、そこから自分を解き放ち、人間性を取り戻していくことにつながる。出会いが発生するとしたら、ここにおいてである。共有すべきは闇そのものではなく、各人が、それぞれに抱え込む闇を、痛みを問い詰め、それを互いに共有しえない状態において対峙させせていく果てに見出される人間性である。痛みが過度に偏って押しつけられる、そういう体制の論理から解放されたところに見出される人間性である。

日常生活に課された分断と敵対の体制、これが人間的なものを脅かしていると、田中は直観的に把握していた。それは、人間性が生産性の論理へと絡めとられ、馴致されていくことである。男らしさの論理は、人間を、労働力商品へと仕立て上げ、そこでとり乱さずに生きていくよう、自己凝固を強いる。それに対し、女らしさの論理は、女を子産み機械に仕立て上げていく。家事育児に、女を縛り付け、それに満足することを強いる。

こうしてみると、田中が捉えたのは、公的なものの問題ではない。それは、公共性という理論的枠組みのもとでは、公的なものとは別のこととして、闇に属することとして片付けられてしまう類のものだ。つまり、現われの空間である公共空間の外部に位置する闇の領域、というように。

そもそもが、公と私という区分を前提とする公共性の概念は、重要な問題を隠蔽するイデオロギーでしかないのではないか。そう考えを進めるうえで、西川長夫の考察は示唆的である。彼がいうには、公共性論のほとんどすべてが、公／私の枠にとらわれていて、その枠内で問題を解決しようとするものである。

そのような問題設定のなかでの議論は、公と私のどちらの領域に重点を置くか、私の公に対する侵害を批判するか、あるいはその逆に私的領域や親密圏の可能性に期待をかけるか、あるいは公と私のあいだに共（市民社会）のようなもう一つの領域を置くか、といった限界の

＊40　同、二五五頁。

なかに閉ざされてしまう。[*41]

そして西川はいう。公と私という問題設定は、多くのことを隠蔽する作用をもつものでもある、と。つまり、この枠の外へと追いやられ、問うことが不可能になる問題がある、ということだ。「公／私のイデオロギーは、女性と家族を私的領域に追いやることによって、女性に無償労働を強制し、家庭内暴力を隠蔽する」[*42]というのも、そのうちの一つだ。女性の無償労働やDVは、公私の区分線を前提するかぎり、適切に捉えることが不可能になる。じつはそういった区分線が引かれるということ自体、田中がいう〈誰にも出会えない体制〉の、一部分ではないかと思えなくもない。つまり、公的なものは〈男らしさ〉の領域であり、私的なものは〈女らしさ〉の領域であるというような想定が、その区分に、組み込まれているのではないか。

さらに、公共性は現われの空間であるという定義も問題含みのものではないかと、考えておくべきだろう。アーレントは、「公に現われるものはすべて、万人によって見られ、聞かれ、可能な限り最も広く公示されるということを意味する。私たちにとっては、現われがリアリティを形成する」[*43]と述べている。これはつまり、現われないもの、語られないものは、現実性を持たないということである。田中は、そういった現われの空間に対し、懐疑的である。痛みが、わかりやすい言葉で語られてしまうと、その内実が失せてしまう。痛みを感じていることを忘れ、自分が光のなかにいるかのように錯覚してしまう。

田中がいう出会いの空間は、現われの空間とは別の空間である。それは、私的空間から切り離されたところに存在するのではない。多数の者のあいだをつなぐ、現われの空間、共有の空間として存在するのではない。それは、多数の者が、出会えない体制のなかで、共有しえない痛みを抱えたまま、各人がその痛みの内実を問い詰め、生身の個々の人間として出会い直そうとするところに、形成されるものである。

＊41　西川長夫『〈新〉植民地主義論』一六一頁。
＊42　同、一六三頁。
＊43　ハンナ・アーレント『人間の条件』志水速雄訳、ちくま学芸文庫、一九九四年、七五頁。

第四章　開発と棄民

植民地主義という関係形式

生活という概念は、庶民の暮らしを意味するものとして用いられることがある。国家官僚システムと市場原理の支配のもとで屈従を強いられながらもしぶとく生きる庶民の暮らし、というように。これは、なにか特別な領域を意味しない。どのような人であれ、各人は、なんらかの生活を営んでいる。

たしかに、生活は、きわめて平凡で、当たり前の営みである。だからといって、それが一様に、画一的に営まれているわけではない。そこはただ、国家や資本に従属するというだけでない。生活という領域においても、抑圧／被抑圧の関係形式が成立している。生活を失調させる諸関係は、上から課されるだけでなく、生活に内在しているところにおいて形成される。それは、国家や資本にたいする下からの対抗運動で解除が可能というだけではない。

田中美津はこれを、誰にも出会えない体制、抑圧／被抑圧の関係と捉えた。これはたとえば都市と地方のあいだにも、成り立ちうる。都会で暮らしているかぎり、地方の暮らしの実情は、みえてこない。それだけでなく、都会の暮らしの豊かさが、地方の暮らしの犠牲のうえに成り立つということもあるだろう。ひょっとしたら、田中が捉えた男と女の関係性と同様のものが、都会と地方のあいだにも成立しているのかもしれない。

ここで、西川が提起する「植民地なき植民地主義」という問題設定について、あらためて考えてみたい。西川の意図は、「既成の植民地主義論の文脈から離れたところで植民地の問題を考える」[*1]、というものであった。おそらくそれは、植民地主義がかつてはいかなるものであったかについての研究というよりはむしろ、「植民地主義的なもの」という概念について理論的に考えることを意味している。

いまでは植民地主義が「継続」していることを指摘するだけでは足りないだろう。それは形を変え、より強力に、したがっていっそう危機的な形で世界を支配しているのだから。そして危機的な状況において真実が姿を現わすという真理はここでも正しいのではないだろうか。私たちはここまで来て、植民地領有は植民地主義の特定の段階を示すものであって、植民地主義は必ずしも領土としての植民地を必要としないのではないか、という一見不条理な、だがおそらくはきわめて本質的な問いに直面せざるをえない。[*2]

これを踏まえるなら、次のように考えることができるだろう。かつて西洋諸国と非西洋諸国のあいだにおいて創出された植民地主義的な関係形式が、今では国家のあいだだけでなく、国内（中央と地方、都市と農村）および都市内（ゲート付き住宅地とスラム）に浸透し、日常的な人間関係にまで（男と女、正規雇用と非正規雇用）浸透していく。第二次世界大戦にまでおよぶ古典的な植民地支配と、その後の、植民地解放と民族独立を経てもなお存続したネオコロニアリズムの時期を通じて次第に洗練されてきた支配の関係形式が、全世界を覆い、日常生活のいたるところに浸透し、人間の生活形式を、徹底的に変えていく。

エメ・セゼールが『植民地主義論』で提起した、植民地化＝物象化という方程式は、けっして過去のことではない。それは現在、私たちが日々経験していることである。セゼールがいうには、植民地化する者と植民地化される者のあいだには、「いかなる人間的接触もなく、あるの

*1　西川長夫『〈新〉植民地主義論』一二一頁。
*2　同、二六七頁。

は支配と屈従の関係であり、その関係は植民地化する側の人間を一兵卒、曹長、看守、鞭に変え、原住民側の人間を生産のための道具に変える」[*3]。さらに、この支配と屈従の関係におかれた被抑圧者である原住民の側では、社会が形骸化し、文化が踏みにじられ、土地が奪われ、宗教が蹂躙され、芸術が壊滅させられていく。抑圧された人間が生産道具へと変えられ、生活世界が破壊される。

セゼールが見抜いた関係形式は、西洋諸国の植民者と非西洋諸国の原住民のあいだだけでなく、日本国内でも、中央と地方のあいだにおいて成立している。それは、中央の視点に立つだけでは、なかなか見えてこない。

富士南麓の田子ノ浦地区で一九六〇年代の高度経済成長期に起こった産業公害に反対した甲田寿彦は、全国総合開発計画のもとですすんだ開発がいったいなにであったかをこう認識した。

煉獄のような産業公害がなぜ私たちを脅かすのか。脅かす人間と脅かされる人間がどうしてつくられたのか。脅かされている人間の忍従と犠牲によって、脅かす人間の経済繁栄が保証されて来たことに、やがて私たちは中央と地方の同心円的な関係を見出すであろう[*4]。

中央、つまりは国家の繁栄(それは国民総生産で測定される)は、地方の、農漁業をはじめとする生業を破壊し、土地、水を汚染していくことと引き替えにして、達成される。工場や発電所が建設されることによる破壊と、建設された工場が稼働し、汚染物質を垂れ流し、騒音を撒き散らすことによる日々の破壊である。脅かされる側の忍従と犠牲、脅かす側の経済繁栄という関係形式が、日本国内において成立している。

しかも、こういった破壊と汚染の元凶の建造は、国家＋企業と地域住民という対抗的な関係を導きだすとはかぎらない。各種の寄付金や補償金が、見返りとして支払われる。さらには、工場が建設されることにより、雇用が保障されるといった見通しもたつ。直接雇用されなくても、企業との取引で、こまごまとした商売関係が成り立つこともあるだろう。であるがゆえに、地域住民は、かならずしも一枚岩で結束し、開発反対の運動体へと結集するともかぎらない。もちろん、住民は、脅かされている。だが、そこに生じているはずの痛みを感覚できなくさせられている。植民地主義的な関係形式に絡めとられていることを感覚することができない。これもまた、植民地化＝物象化の効果の一つといえるだろう。

だからこそ、花崎が提起する、「市場（営利）の論理と官僚制的な管理統制によって編成され

＊3　エメ・セゼール『帰郷ノート／植民地主義論』砂野幸稔訳、平凡社ライブラリー、二〇〇四年、一四七頁。
＊4　甲田寿彦『わが存在の底点から』創土社、二〇〇五年、三六頁。

る画一的なシステム」対「生活世界」という構図[5]は、かならずしも適切ではない。彼のいう「「自足」と「自尊」の倫理感情によってむすばれる暗黙の（前言語的な）了解関係、共同感情」を共有する生活世界なるものは、じつは、無条件的には成立しないし、そこにおいても、植民地主義的な関係形式への包摂が起こりうる。自分たちの生活世界を維持してくれる「推力」が失われることが明白であるのにもかかわらず、補償金や雇用といった恩恵に眩惑されてまともに直視できなくなる、というようにして。これはただ、市場の論理へと組み入れられていくことの問題としては捉えられない。植民地的関係性へと絡めとられ、そこで物象化され、生活という組織体が衰弱していくこととして、考えていく必要があるのではないか。

開発も、一種の植民地化である。植民地なき植民地主義の典型であるといっていい。国家総体なるものが、地方に対し、忍従と犠牲を強いる。国家は経済成長し、豊かになっていくかもしれぬが、その豊かさは、地方における生活破壊を必然的に引き起こしていく。そこでは、植民地主義的な関係形式が強制されているのだ。

高度成長期から七〇年代にかけて、日本列島各地では、ニュータウンが建設された。均質的で人工的な虚構のような街なみである。[6]だが、このニュータウンが建設され、地方出身者をはじめとする若い夫婦が住まい、子供を育てて暮らし始めたまさにそのとき、農村や漁村では、大規模な開発による生活破壊が進行していた。その破壊は、そこに暮らしている人々の心身を、蝕んでいくものだった。

ニュータウンの拡張にともなう列島の虚構化、消費社会化がすすむ裏では、あまりにも惨い破壊が、着々と進んでいた。それは、ニュータウンに普通に暮らしているかぎり、なかなかみえてこないし、感覚されることのない現実であった。ニュータウン的なものの成立と農漁村の開発＝破壊は、抑圧／被抑圧の関係にあったといえるだろう。開発による破壊の痛みは、ニュータウンでは感覚できない。それは、開発がまさに行なわれている現地でしか、感覚できない（だが現地でも、補償金のせいで感覚できなくさせられるのだが）。

高度経済成長と生活破壊

松下竜一は、大分県の中津にあって、そうした大規模開発による破壊に対する反対運動に立ち上がった民衆の一人である。それは一九七二年、周防灘総合開発計画反対運動として、とくにその引き金となる豊前火力発電所建設反対運動として起こった。彼はその反対の出発点が、

＊5　花崎皋平『アイデンティティと共生の哲学』三〇五頁。
＊6　ニュータウンの人工性、虚構性を論じたものは多数あるが、そうした議論の概要については、若林幹夫の『郊外の社会学』（ちくま新書、二〇〇七年）を参照されたい。

独占資本への反対や革命といった観念的・イデオロギー的なものではなく、きわめて心情的なものであったと述べている。自分たちが暮らす生活世界が、国家の繁栄の犠牲となって蹂躙されていくことに、心情的に耐えられない、ということだ。豆腐屋であった松下は、配達の途中、河口の橋を渡るとき、橋上から、周防灘の沖に向かって開かれた風景を眺めていた。

しらじらと沖から明けてくる頃、山の方から白鷺が飛んで来て河口の瀬に降り立つ。私はよく単車を止めて、空を仰いだ。同じ頃、たくさんの鴉もやってくる。そんな早起き鳥に少し遅れてカモメがやってくる頃、小さなシギやセキレイの姿も瀬の石の間を飛びまわっている。それは、豆腐を積んで売りゆく私の毎日にとって、飽くことのない清冽な小世界であり、生きる慰めであった。[*7]

この小世界が踏みにじられるということに苦痛を感じた松下は、反対運動に立ち上がる。「科学や法律が、とるにもたりぬとして抹消し続けてきた、しかしそれこそが人間の尊厳であるというべき〈心情〉から発して、私は海面埋立てに抗していこうとするのだ[*8]」。人間の尊厳としての心情、これは、生活世界が綻び、壊れゆくことへの不安、恐怖であるといってもいいだろう。

生活世界を問答無用といわんばかりに破壊する（国内）植民地主義的な論理への恐怖であり、これを拒否せねばならないという衝動である。

ところで藤田省三も、高度成長を批判した。高度成長は、人間の内実を変えてしまった、そういう批判である。「理性なき合理化」が貫徹され、思考と経験の物化が起こる。街並はそうじて新品化され、人間の主体的行為との相互交渉を欠いた、抽象物と化してしまった。新品化、新奇さをめぐる競争は、精神的な頽廃を引き起こす。

万事は「ハプニング」の名のもとに即興化され、すべての行為の即興化は即興の意味そのものを消滅させる。形式の形成が行われていないところには即興の輝きはありえない。それがいかに深刻な事件を惹き起こそうとも精神の世界の新しい形式を新しく形成することはできない。[*9]

＊7　松下竜一『明神の小さな海岸にて』朝日新聞社、一九七五年、二四頁。
＊8　同、二六頁。
＊9　藤田省三「根拠律」『戦後精神の経験Ⅰ』飯田泰三・宮村治雄編、影書房、一九九六年、二〇六頁。

これは、高度成長の恩恵を享受することのできた人々に起こった事態に対する批判であったということができよう。列島の各地を均質化・画一化し、生活世界の内実を一律に空疎にしていく、そうしたことへの批判であった。稲葉振一郎が指摘するように、藤田の批判が立脚するのは、経済成長は「徳」としかいいようのない何ものかを根こそぎにしていくという感覚である。[*10]「公共的徳の衰退はよくないことである」という感覚であるが、この感覚の正しさを主張するだけでは、稲葉が提起する次の反論（公共的な徳の衰退は、テクノロジーの発展にともなう必然的な現象ではないのかという反論）に太刀打ちするのはむずかしいかもしれない。

社会的テクノロジーの発展によって、公徳心の低い人々が増えてしまうということは、それ自体として悪いことでしょうか。無能な人間、愚かな人間が増えるということはよくないことでしょうか。ぼくにはそのような天に唾する発言はできません。むしろそれはそれ自体としては、どちらかと言うとよいことではないでしょうか。[*11]

稲葉がいうのは、経済成長の産物である「公徳心の低い人間」の存在を根拠にして経済成長を批判することはできない、ということだ。稲葉の議論の前提にあるのは、おそらく、公徳心の低い状態で生きることもまた許容されるべきだという信条である。よい社会とは、公共的なものへの関心を持たず徹底的に自己中心的に生きる人々にも開かれた、寛容な社会である、というわけだ。たしかに藤田には、そのような自己中心性を許容できなかったかもしれない。そのかぎりでは、不寛容だったといえるだろう。

だが、藤田の議論の限界はただそういった不寛容にのみあるのではなく、均質化過程が、都市部と地方でまったく違うということの把握が不十分だったことにあるのではないか。都市部での新品化、経験の物化、公共的徳の劣化が、その代償として、地方での荒廃という生々しい経験をもたらすという関係形式が把握できない。公共的徳の低い人間の生産過程は、その副次的産物として、地方での生活破壊を引き起こすという関係形式が把握できない[*12]。

これを把握したのが、松下竜一だった。一九七二年（オイルショックの前年）に朝日新聞に掲載された「暗闇の思想」で、彼はこう述べている。「国民すべての文化生活を支える電力需要であるから、一部地域住民の多少の被害は忍んでもらわねばならぬという恐るべき論理が出てくる。本当はこういわねばならないのに――だれかの健康を害してしか成り立たぬような文化生活であるのならば、その文化生活をこそ問い直さねばならぬと[*13]」。

経済発展を可能にする、発電所などの建造物は、それが建設されることにより、地域生活を

---

*10　稲葉振一郎『「公共性」論』NTT出版、二〇〇八年、二〇七頁。
*11　同、二〇九頁。

破壊する。新品化、合理化、物化といった概念は、この破壊の凄惨さを、適切に捉えることができない。生活破壊が暴力的に引き起こされるということを、把握できない。破壊は、巨大な機械のもとで、反対運動を阻止する警察と機動隊のもとで、強行される。そして、建設された工場、発電所は、産業廃棄物を放出し、地域生活を、物質的に汚染する。この暴力、汚染は、新品化や合理化の副産物といえるだろうが、松下は、ここにこそ着目すべきと考えている。高度成長は、暴力と汚染の要因だから反対すべきなのであり、それらから解放された未来像を、積極的に構想していく必要があると松下は説く。

「暗闇の思想」の現代的意義

松下竜一は、独特な経歴をもつ作家である。『暗闇の思想を』や『明神の小さな海岸にて』などを参照しつつその経歴をまとめるとこうなる。

大分県中津市で暮らしていたが、母親が亡くなったために、若くして家業の豆腐屋で働くようになった。中津市から一歩も出ず、生活のためにひたすら働く。ある日、朝日新聞の朝日歌壇にふと目がとまり、投稿を決意する。豆腐屋としての日常生活を歌った歌が入選し、以後、つづけて何度も投稿し、みずからの孤独な思いを表現していく。そのあげく、自費出版で『豆

腐屋の四季』を刊行し、その後首尾よく講談社から刊行され（一九六九年四月）、五万部のベスト

＊12　石原俊の議論によれば、一九六〇年代の宮本常一は、開発主義の内実がどういうことであるのかを的確に捉えていた。それは、離島振興の実情が、公共事業と観光資本の誘致に熱を上げ、自前の生活基盤をみずから掘り崩していく、ということである。「開発主義的な〈疑似再分配体制〉による「民衆」の「飼いならし」は、工業資本の地方移転による「国内植民地」化や、軽々な減反の強制と相まって、「農漁民」から「生活領域を自分たちの生活や生産に適するように管理」する力を奪うとして、宮本は激しい調子で非難の声をあげるとともに、地域との個別のかかわりのなかで地道に実践的抵抗を続けた」（石原俊「〈島〉をめぐる方法の苦闘」『現代思想』二〇一一年一一月号臨時増刊号、一四九頁）。ちなみにその後、宮本は、民具収集などの「文化運動」や、朝鮮や中国といった外部へと開くことによる離島振興——これは、国内植民地的状態からの解放であり、独立である——へと望みを託して亡くなってしまう。石原は、こういった宮本の展望が具体策を欠落させたものでしかなかったことを指摘し、その理由として、「資本や国家といった近代システムに巻き込まれてしまった「民衆」たちが、システムの力とわたりあいつつ、「民衆」たちの間に築かれる非対称な関係のなかで、どのように生きぬいているのかという、同時代性＝近代性の問い」が不十分であったことをあげている（同、一五三頁）。藤田省三は、『転向の思想史的研究』で、宮本の議論を「伝統的知慧が機械文明の技術にとって代わられることにたいする一般的な嘆息の一つの現れ」と評しつつ、この嘆息が怒りに変われば、「伝統の中に根拠地をもって一歩一歩運動を拡大してゆく型の進歩的革命主義が成立するだろう」と、その潜在力を高く評価している（藤田省三『転向の思想史的考察』岩波書店、一九七五年、一五七—一五八頁）。今後において斬新な知が現れるとしたら、藤田のような都市型知性と宮本のような農村＝地域的知性の出会いと組み合わせからではないか。

＊13　松下竜一『暗闇の思想を』現代教養文庫、一九八五年、一四二頁。

セラーとなり、もてはやされるようになる（しかも緒形拳主演でドラマ化される）。

松下は、そのあつかいがおかしいと思い、当時が全共闘運動の時期であったことに思い到る。「この若者をみなさい。若くして豆腐屋になって、不平もいわず真面目にはたらく模範青年ではありませんか」、というわけだ。松下は、こうして自分にかぶせられた「模範的青年像」を壊したいと思うようになる。悩み抜いた末、一九七〇年七月に豆腐屋をやめ、文筆業で生きると決意する。六〇年代の政治の季節は終わり、多くの若者は日常生活に戻るという時期に、はじめて世の中と対峙しようと決意する。最初は何も書くことができない。だが、あるとき新聞社から、大分新産業都市の公害問題について何か書いてくれという依頼がくる。松下は、大分市へと赴き、取材し、一冊の本（『風成の女たち』）を書くまでにいたるが、その過程で、大分の住民に問い詰められる。そんなことを取材しているあなたの足元（中津市）でも、大規模な開発計画（周防灘開発計画）があるではないか、それに対してどうするつもりなのか、と。

悩み抜いた松下は、反対運動を立ち上げる。一九七二年七月であった。松下が三五歳になる年のことだ。開発計画の大本には豊前火力発電所建設があるということを見抜いた松下は発電所建設反対運動に集中的に取り組む。運動は、地区労と連合婦人会を主軸とする市民運動（中津の自然を守る会＝「守る会」）としてはじまる。中津市議会への請願、九州電力との話し合い、若者を中心とする学習会の組織化、「守る会」と学習会の分裂、漁協への働きかけ、中津公害学習教室を通じた市民への働きかけというようにして運動は推移するも、結局、七三年三月に議会への請願は却下され、九州電力は、福岡県・豊前市・中津市と協定を結び、火力発電所建設が決定される。松下は、公害学習教室を中心とする有志（七人）とともに、九州電力を相手に環境権訴訟を起こす。訴訟は八五年に最高裁で却下判決となるが、その最終的な確定もまたず、九州電力は強制的に着工をすすめる。七四年六月であった。それに対し、松下らは、埋め立てに対する実力阻止闘争にうってでる。大分県での埋め立てに対し闘った佐賀関の漁民二人の助太刀があり、そのおかげで、一日のあいだ、着工を阻止することはできた。が、次の日には、巡視船が海上を封鎖したこともあって、着工は強制される。これに対し、松下らは、海岸に団結小屋をつくり、抗議の座り込みを開始する。それにもかかわらず、発電所は建設されてしまう。抗議運動は敗北した。

しかしながら、運動は、「暗闇の思想」に結実した。そのかぎりでは実りあるものであったと考えておくべきである。

暗闇の思想は、暮らしのなかで掴まれた生身の思想であった。豆腐屋として暮らした日々、みずからをとりまく小世界のなか、生きるとはどういうことかを黙々と考えていたのが、火力発電所がまさにこの小世界を脅かすものとして建設されるという計画をきっかけにして、みずからの生活を成り立たせている条件をめぐる思考へと転回した、ということだ。

松下がいうには、暗闇の思想は、けっして比喩ではない。文字通り、闇に沈潜することを説く思想である。過剰な電力生産のおかげで発される過度な光を拒否することを呼びかける思想である。

だが、それはただ近代的な文明生活を拒否し、前近代的な生活に帰れというようなものではない。「現代を生きる以上、私とて電力全面否定という極論をいいはしない。今ある電力で成り立つような文化生活をこそ考えようというのである」[*14]。つまり、過度な電力生産の拠点となる発電所がなおも建設され、運転されることに反対する、というものだ。そのかぎりでは、精神主義的な前近代主義、復古主義のようなものではなく、電力生産拠点がこれ以上建設されるのを物理的に拒否しようとするものである。

経済成長は、エネルギーを必要とする。エネルギーの主力は電力である。電力の生産のためには、列島のいたるところに発電所を建設せねばならない。そしてこの発電所の建設は、その周囲に、鉄鋼、アルミ、石油化学などの工場の建設を誘発する。その過程で、発電所が立地する地域は、埋め立て、排気ガスの排出、産業廃棄物などにより、物質的に汚染され、荒廃していく。

暗闇の思想とは、この悪循環がなおも続いていくことを、断ち切るための思想である。過剰な電力を使わず、暗闇を感知し、発電所を物理的に増設不要にする、ということだ。

資本への対抗か、反植民地主義か

柄谷行人は、資本主義への対抗という観点から、消費者運動の重要性を論じている。資本主義が存続するには、商品が生産されるというだけでなく、商品が流通し、買われ、消費されることを要するが、柄谷がいうには、「もしこのいずれかにおいて失敗するならば、資本は剰余価値を獲得できない、いいかえれば、資本たりえない」[*15]。であるがゆえに、労働者が資本に対抗しうる地点は、二つある。生産しない（働かない）ということと、消費しない（資本制の生産物を買わない）ということの二つである。柄谷は、資本への対抗運動を、後者の流通過程での抵抗から始めることが可能であるというだけでなく、そこでしか、可能でないと考える。

柄谷の構想は、買わないというところから、始めようとするものである。そのかぎりでは、松下の暗闇の思想と類似したものとして、捉えることもできるかもしれない。松下も、発電所が生産した電力の消費をやめ、暗闇に耐えることから始めよと述べているからだ。だが、両者は似て非なるものである。というのも、松下は、発電所が建設され、生活世界が物理的に壊さ

---

*14　同、一四二頁。
*15　柄谷行人『トランスクリティーク』岩波現代文庫、二〇一〇年、四二頁。

れていくことに反対しているのに対し、柄谷は、資本制経済システムへの対抗を呼びかけているからだ。それは、反開発の立場と、反資本主義の立場の違いに対応している。

松下は、国家の経済成長の条件となるエネルギーの生産拠点としての発電所と、それがきっかけとなって誘致される工場群が、生活破壊をもたらすことを一貫して説く。

松下は、暗闇の思想を撤回しない。「自然を守ること結構、でも人間の生活、文化水準を向上させる為には産業開発しかないいんじゃないか。公害も恐いけど住民のかしこさでそれを防ぐことが出来るし、なんにしても若者が、優秀な人材が出て行ってしまうような街の姿を、もっとつきつめて考えてみるべきです」[*16]。このようにいわれても、松下は逐一反論する。まず、石油産業は、労働力をほとんど必要としない。かりに労働力が必要とされてもそれは高度の技術に支えられており、地元雇用ではなく、県外の既存工場からの熟練労働者がやってくる。だから若者の流出をくい止める要因とはならない。さらに、公害を防ぐことは、実質的に無理である。公害処理技術が開発されても、それを企業が採用するとはかぎらない。利潤を圧迫するほどの出費であるなら企業は採用しないだろうし、何より、海の埋め立てを成立条件とし、温排水を流す物理的装置が建設されるということ自体、すでにして生活世界を破壊している。

松下は、開発、経済成長を、セゼールのいう植民地主義化と同様のこととして把握していた。

私には反論の嵐が聞こえる。人々は私に対して、進歩、「成果」、癒された病、引き上げられた生活水準などを引き合いに出す。

私は、中身を抜き取られた社会、踏みにじられた文化、蝕まれた制度、奪い取られた土地、蹂躙された宗教、壊滅させられた壮麗な芸術、抹殺された厖大な可能性のことを語る。

人々は私に対して、事実、統計、道路の延長キロ数、水路、鉄道といったものを投げつける。

私は、コンゴ・オセアン鉄道のために犠牲になった何千何万の人々のことを語る。私は、私がこれを書いているまさにその時間に、アビジャンの港を手掘りで掘り下げている人々のことを語る。私は、自らの神々、自らの土地、自らの慣習、自らの生活、そして人生、ダンス、知恵を奪われた何百万もの人々のことを語る。

私は、恐怖、劣等感、おびえ、屈従、絶望、下僕根性を巧みに植え付けられた何百万の人々のことを語る。[*17]

それは、日本という国家の内部で、貧しい地域が、諸々の装置を抱え込まされ、稼働する現

---

*16 松下竜一『暗闇の思想を』二七頁。
*17 エメ・セゼール『帰郷ノート／植民地主義論』一四七—一四八頁。

場にされてしまう、そういう意味での植民地主義化である。

成長、開発、豊かさの実現といった名目の裏で進むのは、埋め立てによる漁獲量の減少や公害といったことだけでない。地域共同体の崩壊も進行していく。

松下は、建設現場である漁村が、補償金と引き替えに、早々に建設賛成にまわったことを指摘する。「国の政策が漁民を淘汰していく方向にしかないことを、豊前海漁民のほとんどが肌で感じている。だからそれに対して闘うという反発とならず、だから金になるうちに海を売りたいという安易な逃げ道に短絡している」[*18]。これは、漁村と町の対立に行き着きかねない。海を売りたがる漁民と、公害を恐れて海を売らせまいとする町の住民の対立、というように。対立は、賛成派（開発は地域を経済的に豊かにするし、電力は国家の成長にとって不可欠であるという立場）と、松下ら反対派とでも起こりうる。開発の現場は、かならずしも国家＋企業に対抗する一枚岩の運動体とはならない。金により巧妙に分断され、開発の論理へと絡めとられていくこともある。

生活世界の破壊は、そこで暮らすということがそのまま心身を蝕んでいくものへと変えられていくこととして、捉えるべきということになろう。それはただ環境汚染というのではすまない、深刻な事態である。環境問題について柄谷は、資本制のもとで、農業的な自然環境の再生産システムが解体されたこととして捉える。これはおそらくは、玉野井芳郎の『エコノミーとエコロジー』の議論を踏まえたものであろう。つまり、工業的な生産様式は、生産＝消費の過程に生じる排泄物を、環境の汚染吸収能力の限度をこえるほどにまで産出するが、これが、「物質循環の軌道をはなれてゆく汚染物質や処理困難な老廃物が出現して投入源泉そのものを撹乱しはじめている異常な状況[19]」を現出させた、という議論である。

たしかに汚染物質は、水俣病にみられるような公害病の要因となる。そのかぎりでは、これも人間を蝕むものといえるのだろうが、松下がいうのは、発電所や工場が建設されることにともなう、環境の破壊である。そうなると、環境汚染と環境破壊は概念的に区別されるということになろう。柄谷は、環境汚染を阻止するための方法について、「廃棄物処理のコストを――たとえば炭素税というかたちで――生産コストに入れてしまうこと」、つまりは、空気や水をはじめとする自由財（使用価値はあるが交換価値はない）の交換価値化＝市場化を進めることだと述べている。[20] たしかに、生産コストを考慮にいれるなら、経済的合理性の観点から企業は過剰な生産を抑えるだろうし、そうすれば、環境汚染も抑制されうる。

だが、生活世界の破壊としての環境破壊は、汚染物質の市場化を通じて軽減できるたぐいのものか。そうではないのではないか。そもそもが、これは資本制生産様式の土台となる発電所

＊18　松下竜一『暗闇の思想を』九九頁。
＊19　玉野井芳郎『エコノミーとエコロジー』みすず書房、一九七八年、四三頁。
＊20　柄谷行人『トランスクリティーク』四二五頁。

や工場の建設による生活世界の物理的破壊のことであり、資本主義のもとへの包摂、商品化により起こる事態とは区別される。それは、資本主義の外部が包摂され、均質化され、その無垢な状態を失い、資本のさらなる蓄積に加担させられるというだけでなく、人間やその他の生き物の暮らせぬ世界へと変えられてしまうということである。であるがゆえに、生活世界の破壊への抵抗は、ただ資本制の〝外〟を模索するというのでは不十分である。

柄谷がいう資本制への対抗は、資本制の生産物を消費せず、それとは別の生産物を消費する、ということだ。それゆえに、対抗運動は、「非資本制的な生産－消費協同組合のようなアソシエーション」の成立と拡大とともに起こることを要する。もちろん、開発に抵抗し、自分たちの暮らす生活世界をつくりだすには、生産と消費の形式を新たに発案するのも必要だ。だが、そういった生産消費協同組合は、どういうところに成り立つのか。開発によって荒廃した漁村でもそれは可能なのか。グローバル資本のせいでシャッター通りと化した地方の街角でもそれは可能なのか。

空間の荒廃は、資本制に包摂されることの帰結というよりはむしろ、資本制が自らを成立させるために壊し、中央とのかかわりにおいて、被支配の状態が半ば強制されたことの帰結であると考えておく必要がある。だからこそ、こういった場所で対抗運動を起こすとしても、ただ資本への対抗のみならず、被支配の状態を生かされていることをどうするか、そこからの脱却はいかにして可能かを問うことが、要請されることになろう。中央からの階層序列化ないしは中心化への対抗、多数多様化というだけでなく、さらに、中央とのかかわりにおける抑圧／被抑圧の関係性からの脱却というところまで、考えていく必要がある。

棄民化

三・一一の出来事によりはっきりしたのは、植民地主義的状況が今もなお存続している、ということだった。原発事故は、原発が僻地に押しつけられ住民が（巧妙な手口とともに）脅かされるという構造を顕在化する出来事だったといえるだろう。ここで表面化した構造は、事故以前には頑なに隠蔽されてきたように思われるし、さして問題化されることもなかった。たとえ、沖縄の米軍基地のことが問題化されることはあっても、沖縄は特殊事例であり、本土内では人々は日本国民という「われわれ」として生きている、そんな幻想が支配的であった。

この幻想は、一九七〇年代前半、各地の反公害運動の過程で綻びかけたが、八〇年代の消費社会化の過程で、運動の記憶は忘却され、消費者として自立したわれわれという意識が強化されていく。消費者は、たとえ意識においては個性化＝差異化が試みられていても、消費するというあり方において集団を形成しているのであり、消費者としての私たちという共同性を享受している（八〇年代にも、原発が各地で建造され、稼働していたという現実は、この群れの内部ではまったく感覚されない）[*21]。冷戦の終焉後、われわれという幻想は、九〇年代あたりからまたもや綻び始める。二〇〇〇年代の、日本には遅れて浸透を開始したネオリベラリズムの席巻にともない、さらなる解体へとむかう。それと同時に、復古主義的なナショナリズムの再興の機運が高まりつつあるのは、「われわれ」意識を経済的な豊かさで下支えすることが困難になりつつあることに対する反作用として捉えることができるだろう。

そもそもが、「われわれ日本国民」という思いこみ自体、民衆のあいだで共有される自然発生的な共同感情なるものに根ざすのではなく、人為的に構築されたものである。桜井大造は、そうしたことを直観的に捉えている。

占領から日本国独立の過程は、言うもおろかだが、「日本国民」をどうデビューさせるかという日米支配層の利害調整の過程であった。まず、同化（暴力）の限りを尽くし強制的に日本国内に居住させた二三六万人余の朝鮮人を、異族の民として分離する。棄民である。さらに、天皇をはじめとする上層の日帝本国人を守る為に、島民の四分の一の命を奪った沖縄、そこに生存した沖縄人民をあっさりと棄民する。こちらは米国への天皇からの貢ぎ物であり沖縄の二次使用であった。こうして黄海、琉球弧という内海は、日本列島に沿った奇妙な「海の壁」をもつこととなった。

一方、壁の内側の日本住民はどうだったのか。焼土の熱によって「帝国臣民」はすでに気化していたと思われるが、「海の壁」のおかげでこの蒸気はさほど拡散もせずにすんだだろう。そして飢餓の恐怖心などによって一気に冷却されて凝縮し「日本国民」なるものを蒸留することになった。*22

*21 吉見俊哉が指摘するように、この個性化＝差異化は、都市に張り巡らされた舞台装置を成立の条件とするものであった。「一方では、演じる主体としての「私」が個別化された私生活のなかに保護され、他方では、演じられる対象としての私の「個性」が都市の提供する舞台装置や台本によって保証される」（吉見俊哉『都市のドラマトゥルギー』河出文庫、二〇〇八年、三五七頁）。そしてこの舞台装置を渋谷に張り巡らせたのが、パルコであった。吉見は、パルコの空間戦略の基本の一つとして、街のセグメント化を挙げている。「このセグメントということは、単に主婦、学生、ヤング、近所に住む人といった分類ではなく、価値観の似た者同士を集めるという前提を必要とする。価値観の違う者は排除する。みんなの街といった町内会的な概念はかなぐり捨てなければならない。似た者同士を集めることで価値観は増幅され、ちょっと違う価値観を同化する」（同、三〇六頁）。つまり、農村から都市に出てきた若者たちが集うところに形成された、六〇年代から七〇年代にかけての「新宿的なもの」の共同性とは別種の共同性が、ここに成立していた。

*22 桜井大造『ヤポニア歌仔戯《オペレッタ》曲・棄民サルプリ』野戦之月海筆子編、二〇〇九年、四頁。

日本国民というわれわれの成立は、棄民化と裏腹の関係にある。われわれとして自足し、外部に対して無関心になることは、日本国民ならぬ諸要素をそこから分離し、見放すことと裏腹の関係にある（先の原発事故において、放射能汚染から積極的に逃れようと避難した人々への、世間の「無関心」を想起されたい）。

ではいったい、海の壁の内側にあって蒸留された日本国民なるものに包含された人々は、そこに安住できるのだろうか。そうともかぎらない。海の壁の内側でも、棄民化は起こりうる。国家の経済成長の分け前を受け取ることの可能な日本国民に包含された人々と、成長の犠牲となって生活世界を脅かされる人々のあいだの関係は、まさに、国民と棄民の関係と同形であるといえないか。棄民化は国外にむけてだけでなく、国内においても起こりうる、ということだ。

棄民化の圧力は、自分が日本国民であることに何の疑いも持たずに暮らす人々には、感覚できない。たとえ、自分が棄民される状況にあっても、日本国民の一部分として包含されていると確信しているなら、それもまた、感覚されない。つまり、自分は棄民として生かされているという現実と、日本国民の一員であるという思い込みが、ここで乖離している。

松下が見抜いたように、火力発電所建設に賛成する市民において起きたのも、まさにこの乖離であった。

豊前火力に賛成する市民の多くは、むしろ己を良識派だと信じているらしいのだが、それはつまり単なる地域エゴを突き抜けて、「国の発展」を考える大義に立脚しての判断をくだしているのだという自負から発しているのだろう。そこには「国の発展」は疑いもなくいいことなのだという絶対的信奉があり、「国の発展」のためには電力需要急増は必須であり、ゆえに良識的大義に立つほど豊前火力に賛成するのは当然という論理になるのである。[*23]

自分も「国の発展」に貢献し、その担い手として、国民として包含されているという自負が、開発のために自分たちの生活世界の推力が失われるという現実を見えなくさせる。この乖離、矛盾が、日本国民という幻想に絡めとられた意識において、隠蔽されてしまう。

松下がこの認識に達するきっかけとなったのは、むのたけじ（武野武治）の著書『解放への十字路』の一節である。「現実には被支配者であるわれわれなのに、日常生活のなかでうっかりと支配者的思考におちいってはいないか[*24]」。

支配者的思考とは、首相をはじめとする政治家の立場にみずからを投影し、「国の発展」のことを第一に考えてしまう思考である。本当は一民衆にすぎないのに、国家の命運をわけ知り顔で

＊23　松下竜一『暗闇の思想を』一六六—一六七頁。
＊24　同、一六六頁。

語ってしまう、そういう思考だ。これに対し、被支配者であるとは、棄民化と隣合わせの状態を生きているということである。この被支配者であるという現実的なあり方が、支配者的思考に絡めとられた人々には、捉えられない。まずは、この支配者的な思考から脱却し、自分は被支配者の一人だという厳然たる実相を直視する必要がある。

被支配者を棄民とみなすことに対し、違和感をおぼえる人もいるかもしれない。というのも、被支配とは普通、上から何かを強制され、命令され、自由を奪われた状態として概念化されるからだ。しかし、棄民化としての被支配という概念は、こういった強制と命令、過度な統合、同質化（個性の抑圧）とは区別されるものとして、考えておく必要がある。

被支配を棄民化として捉えたのは、ハンナ・アーレントであった。藤田も指摘するように、アーレントは『全体主義の起原』で、二〇世紀に特有の政治支配を、「難民の生産と拡大再生産」を根本方針とするものであると捉えた。つまり、住民を一つの政治的共同体へと組織化し、市民権を付与する（つまり、国民化する）というのがそれまでの支配の方針であったのに対し、二〇世紀以後は、国民化とは逆の追放が、難民の生産が方針となった。

そうした難民を作り出すためには、今まで市民権（住民権）を得て居た者を法体系の中からあらためて追放しなければならない。その追放を政治体制の軸とするということは、その政治体制の中心を追放行動の運動体とすることを意味する。[*25]

藤田は追放を、市民権からの追放と捉えているが、アーレントはそれを、ただ市民権というだけでは捉えられない、より根本的な権利からの追放として概念化している。つまり、「権利をもつ権利」からの追放である。

この権利は、生命、自由、幸福の追求、法の前の平等、思想の自由といった抽象的な諸権利とは違う。いかなる共同体からも見放された状態にある無国籍者において何が決定的に奪われているのかを考えることではじめてみいだされる権利のことをいう。これこそが、人間が生きることの根幹にかかわる、人間の条件というよりほかのないもののことではないか。そこに帰属し、さまざまな人と一緒に暮らす、そうしたことの条件となる何ものかのことだ。[*26]

松下が提起した環境の概念は、この何ものかを適切に捉えていた。

＊25　藤田省三『全体主義の時代経験』みすず書房、一九九五年、一九頁。
＊26　アーレントの「権利をもつ権利」の現代的意義については、「ハンナ・アーレントの思想における「権利をもつ権利」についての検討」（『社会思想史研究』三五号、二〇一一年）で論じたので、こちらを参照されたい。

今も、私はじっと〈環境〉という文字をみつめているのだが、そこから湧きくるイメージは、無数に棲み着く者を包みこむ広大さであり、同時にかかわり合って生きる者のなつかしさに溢れている。法や行政が〈環境〉をどのように解釈しようと、私たちにとっての〈環境〉はこれ以外ではない。[*27]

開発による破壊、追放は、こういう意味での環境で生きさせないようにすることである。人々をここから追放し、開発された空間で新たに生きよと命ずることである。それは、埋め立てられ、工場や発電所が建設されて様変わりした空間であるかもしれないし、あるいは、都市部の新興住宅地という白々とした空間であるかもしれない。開発された空間での生活は、当初は慣れぬものかもしれぬが、多くの人は、次第にそこを当たり前のこととして感じ、順応して、生きるようになる。

松下はいう。「豊穣なる本物を喪い、その薄っぺらな代替物が氾濫しているにもかかわらず、それに馴れゆき、逆に本物には耐え切れぬほどに精神は衰弱し始めている」[*28]。これにともない、己れは棄民されうる被支配者だという自覚も、希薄になっていく。国民へと包含され、絡めとられていく過程で、こうした自覚は否認されてしまう。

人々はみな棄民されうる存在として生きている。というより、棄民として生かされている。

それは、いつ見捨てられてもいい、そういう状態で生かされるということだ。孤立というのでは、捉えられない。棄民は、かならずしも孤立していない。低賃金で不安定な職が与えられるが、不要になれば首を切られる、例えばそういう関係性において、他者とつながっているからだ。つまり、抑圧／被抑圧の関係性に絡めとられている。

ここ数年、私たちが生きてきたのは、棄民化のいっそうの激化であったといえないか。生活世界の失調は、じつはけっしていま起こりはじめた事態ではなく、高度成長、私有化、市場原理主義という段階をへて進行していた経済成長の裏で、ずっと進んでいた。成長の裏ですすむ開発＝生活世界の荒廃、公害、抑圧／被抑圧の関係性の構築といったことが、私たちの生きている現実であった。豊かな社会の一員であるという幻想は、じつは自分たちが棄民されうる存在だということを隠蔽するイデオロギーでしかなかった。

この豊かな社会なる幻想が、壊れつつある。棄民化という現実が、この幻想では隠蔽しえぬほどにまで、激化し、顕在化しつつあるからだ。

ひょっとしたら、この破綻は、已れがすでに棄民になりつつあったという現実を徹底的に直

＊27　松下竜一『明神の小さな海岸にて』四一頁。
＊28　松下竜一「光と闇」『環境権の過程：松下竜一未刊行著作集4』海鳴社、二〇〇八年、三三一頁。

視する好機になるかもしれない。この現実の直視から、棄民というあり方から、これまでの経済成長優先とは別の生き方を模索し、構想していくための好機になるのではないか。

田中美津と松下竜一は、七〇年代前半という、やはり経済成長の負の問題が激しく問われた時期に、別の生き方を模索した先駆者であったといえるだろう。二人ともに、痛みを痛いこととして感知しようとするところから、思考し、行動した。棄民であること、被支配者であること、被抑圧者であること、であるがゆえに民衆であること、こうした自覚がその核心にあった。

子供コレクティブも、暗闇の思想も、いずれもが、経済成長のもとで蝕まれていく生活世界を、いかにして新たに蘇生させるか、いかにして創造するかという問いから導きだされたものであると、考えておく必要がある。生産性の論理、支配者的思考、こうしたものに絡めとられ、己れの実相をみることができず、感じることのできない状態からの脱却を、試みようとするものであった。痛みを痛いと感じさせない生活に絡めとられるのを拒否し、そのかわりに、痛みを感じなくてもいい生活を、つくりだそうとすることであった。それは、痛みを強いる状況において、そこに形成されている関係形式を問題化する。抑圧／被抑圧、中心／周縁、同化／棄民という関係形式のもとで生活の場が歪められ、失調状態に陥っている状況からの解放をもとめることであった。

こうした展望が、あまりにも非現実的だと考える人は多いかもしれない。実際、一九七〇年代以後に起こった消費社会化は、不快を除去し、それで痛みを忘却しようとするものだった。暗闇は、ますます光に侵蝕される。それにともない、リブ運動や開発反対運動の経験は、しだいに忘れ去られていく。これらはもう古い、時代遅れだ、だからもう忘れてもいい、というように。

だからといって、この経験と、ここから導きだされた思想が、まったく無意味であったなどということはできない。豊かさの幻想、生産性の論理、支配者的思考といったものが危機に陥り、亀裂が走るとき、隠蔽され、否認されてきたこれらの思想は、なおも展開させ、新しく創造し直すことの可能な思想として蘇生するはずだ。

第五章　生活世界の蘇生のために

失調と事故

本書では、私たちが生きている状況がどういうものであるのかを考えるにあたって、生活という組織体が解体し、失調を起こしつつあるのではないかという見通しのもと、議論をはじめた。ふつう、それはおぼろげに感じられるだけである。日々の暮らしを普通に過ごしているかぎり、失調と解体という状況を生きているなどと思うことは、あまりないかもしれない。

生活の失調は、ときとして起こる事故、思いもよらぬ突発的な事態により、顕在化する。ポール・ヴィリリオは、「事故〔＝偶有性〕は実体を露にする」というアリストテレスの見解を参照しつつ、「「実体」の発明は「事故」の発明でもある」[*1]、と述べている。ヴィリリオがいうのは、たとえばチェルノブイリの原発事故のことである。原発という実体の発明は、その事故の発明でもあった。原発事故こそが、原発の本性を露にした、というわけだ。大惨事は、科学的な発見や技術的発明がもたらす進歩がいかなるものであるのかを暴露する。日常生活が安定的に営まれているかぎりにおいては隠されている進歩の成果の実相を、垣間見せるのだ。

事故は、ただ原発事故のような大惨事に限定されるだろうか。そうではないだろう。殺人をはじめとする事件も、私たちが生きているこの生活世界の実相を露にする、一種の事故だといえないか。子殺しであれ、自殺であれ、それら事件は、日々の暮らしの場が失調し、その継続が困難になり、そこで生きていくことの辛さが過度になり、耐えがたいほどにまで亢進したとき、生活を中断させ、終わらせるものとして起こってしまうというように、考えることができないか。

何らかの「実体」の生産とは、とりもなおさず典型的な「事故」の生産であったとすれば、故障や不調とは、生産の乱調というよりは、特定の不調の生産、さらには部分的にせよ全体的にせよ破壊の生産ということになろう。*2

ヴィリリオのこの見解を踏まえるなら、事件は、生活という組織体の故障と不調の果てに起こる大惨事であり、生活そのものを破壊し、終わらせるものだということになる。

暮らすのも、日々の生産活動である。掃除をし、部屋を整え、育児をするということも生産活動である。ときに部屋は乱雑になることもあるだろうし、子育てが適当になることもあるだろう。だがそれは、暮らしが持続可能なものとして営まれているかぎり、なんらかのかたちで修復する。生活の故障、不調とは、乱雑の度合いが、子育ての適当さが修復不能なほどにまで高まっていくことにともない発生する事故のことだ。

多発する事件は、日々の暮らしを維持し、持続させていくのが難しく、大変な状況に追いつめられた人々が増大しているということを、垣間見せているのではないか。暮らしの場である生活世界が維持しがたくなり、そこで生きるのが辛く、耐えがたいものへと変貌しつつあることを、垣間見せているのではないか。

権利をもつ権利

今や世界は、そこで人間が見放され、遺棄されていくところへと、変貌しつつあるようだ。

＊1　ポール・ヴィリリオ『アクシデント　事故と文明』小林正巳訳、青土社、二〇〇六年、一五頁。
＊2　同、一三五頁。

マイク・デイヴィスが『スラムの惑星』で描き出す、「地方での生存のための連帯から大部分が切り離されるというだけでなく、伝統的な都市の文化的政治的生活からも断ち切られている薄暗い人間世界[*3]」は、第三世界のメガスラムに局限されるものではなく、もしかしたら、私たちの生きるこの世界の総体が、「追放された者のゾーン」へと、変貌しつつあるのかもしれない。

殺人であれ虐待であれ、最近の事件が陰惨であるのは、誰も助けてくれず、無関心に取り囲まれ、孤立した状況において生きるよう強いられていることの不条理を、あからさまにしているだけではないのか。見放され、無関心にさらされる。先が展望できない。この荒涼とした状況が、私たちの生きる基礎条件となりつつある。

この放置、無関心、無視という問題が重要性を帯びつつあるということを捉えたのは、ハンナ・アーレントであった。『全体主義の起原』の第二巻「帝国主義」で展開された、権利をもつ権利にかんする議論は、無国籍者の増大という状況においていったい何が失われ、崩壊しつつあるのかを考え抜いたところから導きだされたものである。国民国家以外には政治的共同体の存在しない状況にあって、祖国である国民国家を追われ、いかなる政治的共同体にも属することのできなくなった人間の増大。それをアーレントは、無権利者の増大と捉える。

無権利状態とは、「この状態に陥った者はいかなる種類の共同体にも属さないという事実からのみ生れている」。「全く抑圧されていない人間、彼を抑圧しようと望む者さえないことだだと定義され得るような人間」[*4]、こういった人間の増大がどういうことであるのかを、アーレントは考える。そこで危機に瀕し、剥奪されていく、「人間世界における足場」としかいいようのないもの。これをアーレントは、権利をもつ権利と概念化する。

アーレントは、権利をもつ権利を、「人間がその行為と意見に基づいて人から判断されるという関係の成り立つシステムの中で生きる権利」と定義する。[*5] これは、いかなる共同体からも見放された状態にある無国籍者において何が決定的に奪われているのかを考えることではじめてみいだされる権利のことである。この権利は、生命、自由、幸福の追求、法の前の平等、思想の自由といった抽象的な諸権利とは違う。アーレントのみるところ、抽象的な諸権利は、「所与の共同体の内部の諸権利を守るために定式化されたもの」[*6] である。抽象的権利を意味のあるものとして持ち、かつ行使するには、何らかの共同的な場に属していることを必須条件とする。これを欠くならこうした諸権利は実効性がない。権利を主張しても、それを意味あるものとし

＊3　マイク・デイヴィス『スラムの惑星』酒井隆史監訳、篠原雅武・丸山里美訳、明石書店、二〇一〇年、三〇五頁。
＊4　ハンナ・アーレント『全体主義の起原（2）帝国主義』大島通義他訳、みすず書房、一九七二年、二七九頁。
＊5　同、二八一頁。
＊6　同、二七九頁。

て判断してくれる他者との関係性の場がないからだ。

アーレントがいう権利をもつ権利の独自性は、いわゆる普遍的人権の概念が依拠する想定の抽象性、非現実性にたいする告発として提起されているところにある。普遍的人権の概念において、権利は、人間的な自然から直接に生まれ、誰においても、奪うべからざるものとして、自明の真理として備わっており、「たとえ一人の人間が人間社会から締め出されたとしてもその有効性には変りがない」[*7]とされているが、これにたいしてアーレントは、権利についてのこういった想定が非現実的で無力であるということが、現実に人間社会から締め出され他者との関係性を奪われ孤立した無国籍者の大量発生という現象によって徹底的に暴露されたと批判する。「人間であるという抽象的で赤裸な存在に対して世界は何ら畏敬の念を示さなかった。人間の尊厳は〈彼もまた人間だ〉という単なる事実によっては明らかに実現され得なかった」[*8]。

アーレントは、無国籍者という締め出された状態にある人々の赤裸なあり方を、「自然状態」と形容する。マーガレット・カノヴァンが指摘するように、ここでいう自然は、政治体の人為性(artifice)と対置されている。[*9]アーレントは、この自然状態へと追放され無力となった人間が増大していく状況に即した政治体を、人権という抽象概念に頼らずに構想する必要があると説くのだが、そのために立脚すべき土台となるものとして、権利をもつ権利という概念を提起する。

見放され、放置され、無関心に晒された状態で生きるよう強いられるというのは、抑圧すらされず、何をいおうと何をしようといかなる反応もない状態を生きることである。これは、「追放行動の運動体」というだけでは、捉えられない。藤田省三は、無権利状態の生産を、「今まで市民権（住民権）を得て居たものを法体系の中からあらためて追放[*10]」することと捉えた。これは、秩序に背く人間を追放するということである。つまり、追放は、抑圧と裏腹の関係にある。「追放された者を収容する「囲い込み」設備と運営の無限拡大[*11]」をともなう、というわけだ。

だが、今や放置と無視、無関心は、こういった収容施設の建設とは無縁のところでも発生している。都会の賃貸マンションの一室で、誰に気づかれることもなく子供が遺棄され死んでいくというのは、まさに、人間世界における足場を失った状態に追いつめられたことの帰結である。ここで崩れてしまった足場を、いかにして、いかなるものとして新たにつくりなおすのか、これが重要な思想的課題であることはいうまでもない。

ジュディス・バトラーや西川長夫が述べているように、のちにアーレントは、人間の条件を、

＊7　同、二八三頁。
＊8　同、二八六頁。
＊9　Margaret Canovan, *Hannah Arendt : a reinterpretation of her political thought*, Cambridge: Cambridge University Press, 1992, 34.
＊10　藤田省三『全体主義の時代経験』一九頁。
＊11　同、二〇頁。

公私の区分線にとらわれたところで考えるようになる。人間世界における足場は公的世界の復権により可能になるという見通しのもと、複数性、開かれた公共空間、公的活動といった概念へと、考察を展開させてしまう。そのことゆえに、「公的なものが立ち現われるときには、かならずある種の住人を私的な事柄に、つまり前政治的事柄に追い遣る」[*12]ことの問題性が捉えられなくなってしまう。私的領域において、放擲された状態を生きざるをえなくなることもある、これもまた人間の条件の問題であるということが、みえなくなってしまう。

バトラーたちが示唆するように、『全体主義の起原』での思考は、そういった桎梏にからめとられる以前のものであった。人間の条件にかんする徹底的な思考として、再評価することが可能である。公私の区分に絡めとられた思考を批判し、開かれた公的世界の再生というのだけではは捉えられないところで起こりつつある生活の解体状況に即した思考を試みるためにも、それの理解は必要である。

とはいえ、それはきっかけでしかない。アーレントは、権利をもつ権利としかいえない何かがあり、それが剥奪され、掘り崩されていく状況を生きることの困難をあくまでも示唆しただけであって、これがどのようなものであるか、どうしたらつくりあげていくことができるかについては、考察が展開されているとはいいがたい。アーレントの議論はあくまでも手がかりであって、それに頼るだけでなく、自分が生きている状況と対応させつつ、考えていかねばならないということなのだろう。

援助のさしのべられることのない、見放された領域は、広まりつつあるはずだ。だが、あたかもそれを覆い隠すかのようにして、「つながりの社会性」の領域が拡張している。携帯電話やソーシャルネットワークサービスの発展は、集まりと出会いの機会を増加させている。そこに着目するならば、私たちが生きているのは、放置や無視ではないといえよう。

だが、つながりの社会性に接続し、多くの人とかかわっているにもかかわらず、肝心なとき、援助がないということもありうる。さらに、つながりの社会性は、監視と予防の社会性でしかなく、見放された領域を生きる者にとっては、援助どころか暴力的な介入にしかならないということもある。美馬は述べている。「児童虐待予防のための第三者による通報が積極的に進められていくなかでは、「普通」とは異なっていると見られている家族（たとえば、貧困な場合や両親がそろっていない場合など）への地域社会からの監視の目は過酷で差別主義的なものになる[*13]」。

であるがゆえに、「権利をもつ権利」がどういうものであるのかを考えるとき、とりわけ、「つながり」などという概念とは、厳密に区別しておかねばならない。現代において、つながる

＊12　ジュディス・バトラー・ガヤトリ・スピヴァク『国家を歌うのは誰か？　グローバル・ステイトにおける言語・政治・帰属』竹村和子訳、岩波書店、二〇〇八年、一五頁。
＊13　美馬達哉「青ざめた芝」一六七頁。

こと自体は、けっして難しくないし、むしろ促進されている。

とはいえ、つながりの領域に接続され、絡めとられ、多くの人と過剰なまでに連絡を取り合う一方で、どういうわけか、孤立感が強まるという経験も、多くの人には馴染みのこととなりつつあるのではないか。ここで経験される孤立感、関わりの密度の低さの内実を問い詰めていくうえでも、アーレントの権利をもつ権利にかんする考察は、極めて示唆的だろう。

消費主義からの覚醒

原発事故は、それが起こるときまでの荒廃とは、まったく異質な事態を到来させている。ネオリベラリズム的な政策と、それに後押しされた経営概念や社会通念などのもとで深刻化した荒廃に、別種の荒廃状況が覆いかぶさり、積み重なるといった具合だ。ヴィリリオがいうように、それは局地的事故ではなく、全面的事故だろう。影響は、広範囲に及ぶというだけでなく、時間的に長期にわたって広がりかねない。そういう事故の余波を、私たちはこれから生きることになる。

ここで必要となるのは、その状況を恐怖し、目をそむけるのではなく、直視し、真剣に捉えることだろうが、こうした機運は、おのずと起こりつつある。放射線量の測定がそれである。

池上善彦がいうように、それは、ただ自分の周囲の放射線量を知ることにかぎらず、事故が起こるまで気づかなかった様々なこと――街、国家、過去、社会の仕組み、外の世界との関係性――を発見していく好機となり、「社会的あるいは政治的覚醒」につながると、考えることもできるだろう。[*14]

覚醒とは、眠り込んでいる状態からの目覚めを意味するのだろうが、ではいったい、私たちはどのような微睡みの状態を、これまで生きてきたのだろうか。

さしあたり、それは消費主義だったと、考えることができるのではないか。マサオ・ミヨシは、日本の消費主義が、体系的な批判的検証をまったくともなうことなしに進んだ異例の経済成長の帰結であると考えている。それは、資本主義的な経済システムの転換（生産から消費主導の経済発展への転換）だったというだけでなく、そこに生きている人間の意識を絡めとり、改変していくものだった。つまり「シラケ」ること、シニシズムの蔓延である。

とりわけ、日本の膨大な経済力は、全世界共同の拡張主義と、各個人の情け容赦もない消費化とともに行使されるのである。体系的に脱歴史化された日本の集団的非個人は、西洋も

*14　池上善彦「新たなる民衆運動」
http://www.jfissures.org/2011/06/07/a-new-movement-of-the-people/

それ以外も含めて全世界の国民や国家を、自己を空虚にし、理想もなく、目的も喪失した生産と消費、そして白日夢のディストピアへと導きつつあるように思える。*15

シニシズムとは、消費主義により創出されたこの空虚、没理想状態を基礎とする精神態度である。シニシズムはけっして価値中立的ではないし、醒めた現実認識でもない。シニシズムは、消費資本主義というシステムが絶対的に揺らぐことのないものだという信念に根ざす、一種のイデオロギーである。消費資本主義のなか、人々は、シニカルに微睡んでいる。そこから目覚め、自分たちが生きている現状を直視することを、ただひたすらに恐れている。そうであるからこそ、消費資本主義が揺らぎ、没落に向かう兆候を示すようになるとき、没理想、空虚、シニシズムは、途端に足場を失うことになるだろう。

消費主義の蔓延のもとで、いったい何が忘却されたか。何が隠蔽されているのか。まずなによりも、それは、抵抗の（あるいは覚醒の）記憶である。リブ運動は、経済成長の根底にあるのは生産性の論理であること、それが男性と女性のあいだに抑圧／被抑圧の関係性を構築するということを見抜き、それが引き起こす痛みが何であるかを問い詰めた。そして、公害と開発にたいする反対運動は、開発による発展が生活世界を破壊すること、しかもこの破壊が、とりわけ地方で起こっていること、国内植民地的な状況をつくりだしていることを問題化した。そこでは皆が、経済成長とは別の生き方がどういうものであるのかを、真剣に問うた。

だが、消費主義が蔓延していたこの数十年ものあいだ、これらの問題提起は、抵抗の記憶は、あまり顧みられることがなかった。消費化社会への成熟により、皆が皆こころたのしく消費できるようになっていけば、こういった諸問題は、いずれおのずと解決されるという進歩主義的な展望が、優勢になった。

しかしながら、今でも時折報道される子殺し事件やDV事件は、三〇年以上も前にリブが提起した問題がまったく変わりなく存続していることを告げている。また、原発事故は、七〇年代に積み重ねられた反公害、反開発の運動の意義を発見させる出来事だったといえるだろう。

消費主義は、九〇年代なかばには情報ネットワークの成立の流れにのって発展し、延命されるが、そのもとで、資本主義のあり方は、市場原理主義的なものへと転回していく。教育や保育をはじめとする公的なものの私有化／商品化、労働力のいっそうの商品化、土地の商品化。列挙し出すときりがない。そこで、生活の場が綻び、壊れていく。その兆候はいたるところに現れている。破局的事態が頻発し、積み重なっていく。にもかかわらず、こうしたことも、消費主義のイデオロギーのもとで隠蔽され、シニシズムゆえに真剣に捉えられることがなかった。

＊15　マサオ・ミヨシ『オフ・センター』佐復秀樹訳、平凡社、一九九六年、一九二―一九三頁。

私たちは現在、消費社会／情報社会化の隠蔽作用に綻びが生じ、それが長らく隠蔽してきた諸問題の堆積を直視せざるをえない状況を生きている、このように考えるべきである。それはつまり、これまでと同じ生活形式のもとで生きていけるのかという深刻な問いを発さざるをえない、ということだ。なおもこの消費社会／情報社会を宿命的なこととして容認し、瓦礫となって積み上げられる生活破壊の実相を無視しつづけるのか、それとも、直視するのか、そういう分岐点を私たちは生きている。

精神の私有化と破局的状況の深刻化

生きにくい状況は、確実に深刻化している。だが、それとは裏腹に、シニシズムも根強い。松井剛の指摘にもあるように、シニシズムの物質的な土台である消費資本主義には、一種の進歩史観が一貫して流れている。それは、「肉体的欲求から精神的欲求へと消費者欲求が高度化し、多様化したため、生産者による消費者欲求の操作が困難になり、消費者主権が実現した、というものである」[*16]。松井がいうには、この傾向は、小衆論、分衆論、大衆社会論、消費記号論（主にボードリヤールの議論に立脚したもの）が盛んになった八〇年代に突如として現れたのではなく、五〇年代半ば、マーケティングの基本思想がアメリカから輸入され、「消費者は王様」という考え方が根付いたころに始まるものだ。消費者欲求の絶え間なき変化は進歩であり、基本的には肯定すべきである。ここに兆しつつある「時代の感性」を信じなくてはならない、というわけだ。

この進歩史観的な消費論が徹底化された帰結が、現代である。消費者欲求を肯定し、それの無限の進歩に適合的なものへと社会経済システムを発展させよという教条は、八〇年代以降、私有化(=民営化)とともに進行したが、そこで私有化されたのは、ただ公的なものだけではない。二〇一一年八月に起こったロンドン暴動に触発されて書いた文章でポール・ギルロイが述べているように、私たちの精神も、私有化されている。

コンピューターや携帯電話への精神の捕獲とはつまり、精神が資本によって私有化されたということだ。その結果の一つが、想像力の貧困化である。それは物事を、「私有化された世界のレンズを介して」捉えようとすることだ。[*17] 観察された事実のみを重視し、その間にありうる相互連関を洞察しようとしない実証主義的思考は、この想像力の貧困化という傾向と一致する。さらにいうなら、世界の現象の情報化(データベース化)の進行と、想像力の貧困化の進行は、ひとつの出来事の両面である。それはただ自意識過剰などという個人の気質に還元可能な問題

＊16　松井剛「消費論ブーム」『現代思想』二〇〇一年一一月号、一一〇—一一一頁。
＊17　Paul Gilroy, "Paul Gilroy speaks on the riots, August 2011, Tottenham, North London," http://dreamofsafety.blogspot.com/2011/08/paul-gilroy-speaks-on-riots-august-2011.html

ではない。情報化という物質的土台が、そこに対応している。
何かとんでもないことが起こっているのにもかかわらず、それが何であろうかを考えようとせず、なおもシニカルに現状を肯定しようとする姿勢の基本には、この想像力の貧困化がある。これもやはり、進歩史観的な消費主義のもとでは、いっそうの進歩として、肯定されてしまうのだろうか。それは、消費社会から情報社会への進歩の一つの成果である、というように。
三・一一以後もなお、シニカルに楽観的に、現状を直視せず楽しく生きることこそが人々の基本欲求であるということにすべく、なんらかの用語が、想像力の貧困化などという率直な用語とは違うもっと前向きなニュアンスで粉飾された用語が、発案されることになるだろう。進歩史観的消費主義、市場原理主義、私有化の綻びを弥縫する方法を、発案せねばならない、経済成長は、なおも継続されるべきである、「経済成長は行なわれよ、たとえ世界は滅びようとも」、というわけだ。破局的状況のありうべき帰結を想像させないようにする装置（テレビやネットだけでなく、雑誌や書籍もそうである）は、今後もますます配備されるし、さらなる進歩を遂げるかもしれない。三・一一のショックの凄まじさは、想像力の目覚めのきっかけとなったが、それとは真逆の、なおも微睡ませようとする思想的傾向性が、いっそう強化されるはずだ。[*18]
この進歩史観的消費主義、市場原理主義、市場化の徹底化のもとで、私たちは、いくつもの破局的事態を経験してきた。一九九五年、二〇〇一年、二〇一一年の出来事は、その代表である。微睡みから目覚める好機は、何度も何度もあったのだが、そのたびに、現実から目を背けさせ、シニカルな姿勢を正当化する議論が生みだされてきた。酒井隆史は、二〇〇一年の秋に書かれた文章で、「新しい天使」と題されたクレーの絵についてベンヤミンが述べたこと（『歴史

*18　その傾向性は、消費社会化とともに起こった知の動向の延長上にあると考えておくべきだろう。マサオ・ミヨシは、それを座談会的なもの（トークショー、座談会、パネルディスカッション）の蔓延という観点から捉えようとする。思想の内容に着目するのではなく、それが表明され、人々に影響力を及ぼしていく媒体の形式に着目するのだ。ミヨシのみるところ、トークショー、座談会においては、まずは、体系的で組織立った分析や思考が脇へとおいやられてしまう。「こうした会話は明確な形をもたず、構造もなく、みづらいもので」「エンターテイメントだけのものになりやすい」（マサオ・ミヨシ『オフ・センター』三二九—三三〇頁）。会話によるやりとりは、断続的であり、散漫である。それは、一人の書き手がノートやパソコンにむかい、黙々と書き連ねていく文章と比べてみれば、一目瞭然だ。そこには、時間をかけて紡ぎだされた思考の痕跡がない。その場での、即興的な思いつきの羅列しかないのだ。しかも会話は、かならずしも論争ではない。なにかひとつのテーマをめぐって対立する見解の持ち主同士が持論を闘わせるというのではない。意見の不一致や異論は、回避される。さらにこの「会話主義」は、「文字で書かれる言説の文体と内容を汚染するようになっている」（同、三三四頁）。確固たる証拠の裏付けを欠いた自由な断言、意見の一致と同意が当たり前の前提であり、議論と批評、不一致と異議は、真剣に闘われることなどないという空気、会話主義において顕著な知的姿勢が、論文や著書を書くときの態度にも影響をおよぼす。ミヨシがいうには、座談会的なものの蔓延による知的なものの頽廃は、八〇年代という、日本の経済的な成功という状況と軌を一にしている。

の概念について』）の意義を強調し、こう述べる。

現在ベンヤミンのいうように、「進歩」という強風は、廃墟のうえにかさなる廃墟の連続から私たちを遠ざけつづけている。廃墟はおり重なりつづけたにもかかわらず、「成熟化」と時代が形容され、さらに敵対自体が「古い」といわれるなかで「破局」は不可視なものにされる。どうしても保守にかたよりがちであり、さらに先述したようにナショナリズムとも親和性を有したポストモダンの風潮は、しばしば廃墟のイメージをノスタルジックにもてあそんだりしながら、現実に積み重なりつつある廃墟には目をつぶりつづけた。[*19]

三・一一は、進歩という強風のもとで進行していた廃墟化の実相を、あらためて突きつけた出来事だったということになろう。日本は消費社会化のもとで成熟するという想定は、破局を不可視にするものでしかなく、そのもとでは、とんでもない廃墟化の潜在的可能性が累積していた、ということだ。原発をめぐる争いも、古いとされた敵対の一つである。原発の立地を要因とする地域の変化の内実も、補助金の流入による新品化のもとで隠蔽されてしまう。

ところが、過去のこととして忘却され、成熟の名の下で封じ込められた原発の危険の内実が、震災と津波で一挙に露になってしまった。これが破局的事態であるというのは、ただ単に原発の危険性に異議申し立てするだけでは十分でない、ということだ。この消費社会化という進歩主義により絡めとられ、微睡まされ、貧困化しつつあった想像力を、目覚めさせる好機とすべきである。進歩という強風に乗せられてしまうことを拒絶し、廃墟にとどまり、廃墟を直視し、そこでいったい何ができるか一人一人が考えていく必要がある。

廃墟に埋もれた未発の未来

それは、破局的状況を生きているという自覚から、考えることだ。つまり、「人間世界における足場」としかいいようのないものが掘り崩されていることの自覚に立って、生き、考えようとすることである。

藤田省三がいうように、高度成長下で進行した「安楽への隷属」をせきたてたのは、この遺棄された状態を恐怖し、そこから逃れたいという欲求だった。「そうして、抑制心を失った「安楽」追求のその不安が、手近かな所で安楽を保護してくれそうな者を、利益保護者を探し求めさせる」[*20]。これもまた、一種の進歩として、感覚されてきたのだろう。つまり戦後という、遺棄

＊19　酒井隆史「同時代性のために」『現代思想』二〇〇一年一一月号、一五三頁。

された状態からの脱却として、欠乏の支配からの脱却として、感覚されたのだろう。だがその脱却は、経済的に豊かになるというやり方での脱却であった。であるがゆえに、遺棄された状態にはらまれていた両義的可能性を取り逃がし、手放してしまうことになった。

藤田がいうには、戦後に発見されたのは、「国家の崩壊が持つ明るさ」であった。「すべての面で悲惨が或る前向きの広がりを含み、欠乏が却て空想のリアリティを促進し、不安定な混沌が逆にコスモス（秩序）の想像力を内に含んでいたのであった[*21]」。この両義性のふくらみから、経済成長によって逃避したというのが、戦後であったといえるのではないか。安楽への隷属に対する批判文を藤田が書いた一九八五年からもずっと、この逃避的傾向は続いている。だがそのもとで、遺棄された状態も、なおも消されず存続している。たとえば、山谷や釜ヶ崎といった寄せ場がそれである。見方をかえていうならば、これらは、高度成長という進歩の強風に乗せられることなく、「空想のリアリティを促進し」、「コスモス（秩序）の想像力を内に含んでいた」場所として、存続させられてきた場所であったといえるのかもしれない。[*22]

にもかかわらず、遺棄されるという経験は、次第に例外化された。その日暮らしの建設労働者たちは、きわめて特異な人々であると、見なされるようになった。成長という強風に何も考えず吹かれていれば、そのまま安楽に暮らし、死んでいくことができるというのが、世の大勢であり、進歩だとされた。

だが、この経済成長至上主義という進歩主義は、遺棄された人々、遺棄された暮らし、生活の破壊の大量生産を伴うものであったことが、明らかになりつつある。遺棄された状態、生活破壊は、経済成長の恩恵によっていずれ回復される一時的例外ではなくて、成長の必然的産物であったということが、明らかになりつつある。

にもかかわらず、そういうことが知覚されない。「破局」と捉えられることがない。ひょっとしたら、ここ数年、「破局」はやり過ごされてきたのかもしれない。遺棄された領域は、すでにして広がりつつあった。それは、戦後の両義性のふくらみがいかにして一義化され、想像力が奪われてきたのかを、思い起こすべき好機であった。生活世界が消費資本主義の論理のとおりに整除され、合理化されてきた過程で奪われてきたものを発見し、そこから、別の生き方を、

＊20　藤田省三「「安楽」への全体主義」『藤田省三セレクション』、三九七頁。

＊21　藤田省三「戦後の議論の前提」『精神史的考察』、二二五頁。

＊22　だが、そうした場所は、普通はあってはならぬ場所として、隠蔽されている。山岡強一はこう述べている。「そもそも寄せ場とは、ブルジョア市民社会に包摂し得ない、奴らにとっても建前上あってはならない、資本制社会の矛盾そのものとして存在しているのであるから、寄せ場が良くなる筈はない。しかし、奴らにとっては建前上〈あってはならない〉〈ある筈がないもの〉なので、何とかそれを隠蔽しようと、例えば釜ヶ崎を愛隣地区などという薄気味の悪い呼称に変えたりと、常に小細工を弄していることは衆知の事実である」（山岡強一『山谷　やられたらやりかえせ』現代企画社、一九九六年、一四九頁）。

別の暮らし方を、別の生活世界を構想し直すべき、好機であった。

ベンヤミンの「新しき天使」が「メルヘンに等しい声を欠いた非肉体的なほほ笑み」によっても表されているということをアドルノは読み取ったと、藤田はいう。そして藤田は、このほほ笑みが意味するところについて、こう述べる。「それは、追放の試煉が全体へと拡散した新しい段階における「おとぎ話」として「非実在的に或る経験の存在」を示していたのであろう[*23]」。非実在的とはつまり、経済成長の強風のなかでは、実在していることとして知覚されず、確定された実在性をもつものとして捕捉されない、ということだ。それを逃れる、物の持つ非実在的な姿、つまりは、「物的形象の含む「判じ絵的寓意」や「太古の祖型」や、未来の物を規定する「匂い」や「残像[*24]」」。こうしたところにこそ、別の生き方を想像する手がかりがあると、藤田はいう。

物的形象をどう捉えるのか、それをただ資本主義的に生産され、交換され、使用され、廃棄されていくものとするのか。それとも、その底深いところに潜在する判じ絵的寓意を読み込み、物そのものにそなわっている「匂い」や「残像」を殺すことなくそこに適切な形式を付与し、生活世界の一部分へと織り成していこうとするのか。重要なのは、この捉え方、活かし方の違いである。

そうした物を、ジョン・バージャーは、「経験を保持し、「無時間的なもの」の領域を再創出し、永続するものに立脚する」ための日々の工夫において、使い方において、保たれていくものとして捉える。それはたとえば家族の写真であっても、大切に保存され、枕元の壁に留められるなどすれば、「歴史的時間には破壊する権利などない場所を指し示すことになる」[*25]。バージャーがいうには、進歩は、主観的な経験に対して課される暴力である。人々の手の及ばぬところで仮借なく進み、その運命を、有無をいわさず左右する、そういうものだ。人間を客体物へとおとしめていくものだ。これにたいする抵抗は、進歩の運行そのものを別の方向へと向けるといったことではない。客体物へとおとしめていく仮借なき力そのものに加担するのを拒否することである。そのためには、進歩の運行に左右されない場を、経験の領域を、作りだしていく必要がある。

非実在的であるということは、それが破壊され、今はもう実在しないということでもある。経済成長の過程で壊され、打ち負かされた人々の経験は、普通は過去に属することとして、いずれは忘却され、風化していくものとみなされている。

だがそれでも、経済成長路線に絡めとられない生活のあり方を実践しようとしたこと自体は、

＊23　藤田省三「或る喪失の経験」『精神史的考察』四四頁。
＊24　同、四四―四五頁。
＊25　John Berger, *Another Way of Telling*, New York: Vintage Books, 1995, 108.

非実在的というあり方で、なおも存続しているのではないか。進歩主義にはそもそも馴染むことのない生活を、ありえたかもしれない未来として切り開こうとした人々の思い、夢もまた、現在の底深いところに埋もれ、匂いとして、残像として、生活世界のいたるところに染み付いているのではないか。それは、今まさに花開こうとしていた矢先、潰されてしまったのかもしれないが、その未発であったというあり方において、この支配的な現状の隙間に、しぶとく生き延びているはずだ。崩壊状況は、この未発の可能性を逼塞させてきた支配的システムが、瓦解していくことでもある。

崩壊の先にありうべき未来を拙速に展望しようとしたところで、ともすれば、進歩主義的な未来志向にしかならないこともある。それは、未来への逃避である。ドイツ社会民主党にたいするベンヤミンの批判（「俺たちは流れに乗っているのだ、という考えほど、ドイツの労働者階級を堕落させたものはない」[*26]）を、思い返しておく必要があるだろう。危機的事態のすぐあとに条件反射的に提起される展望の多くは、この流れに属する。それもまた、破局の実相から目を背けさせ、遠くへと吹き飛ばしていく強風の変種であるのかもしれない。生活世界を建て直すためには、現在の底深いところに潜在している、潰えた過去に抱かれた無数の夢を寄せ集め、そこに立脚した世界を、局所的につくりだそうとすることが、まずは大切であると考えておくべきである。

経済成長路線の徹底化のもとで、人々の暮らしは、着実に蝕まれ、生きにくさの度合いが深刻化したというのはたしかだ。そこに原発事故の余波が積み重なったとき、そろそろこれまでの生き方を見直し、別の生き方を考えようという機運が出てきてもおかしくない。

それの出発点となるのは、遺棄され、無視され、見放された状況の蔓延は耐えがたいという思いである。暮らしを存続させていくことの難しい状況をなおも生きねばならない、そういうことが強いられてしまうのは、やはり、辛く、痛ましいことではないか。にもかかわらず、この思いは、消費資本主義の遺制がいまだに強固でシニシズムがなおも優勢である現状においてはなかなか表明しにくい。

生活を織り成す

生活という組織体の綻びは、放っておくならいつはてるともなく続くだろう。この綻びを放置せず、直し、新たに織り成すことが求められている。それは、生き方、生活の様式にかかわる。ガタリが述べているように、「夫婦や恋人のあいだ、家族のなか、あるいは都市生活や労働の場などにおける人間の存在の仕方を変革したり再創造したりする、特別の実践を発展させる」[*27]

＊26　ヴァルター・ベンヤミン「歴史の概念について」『ベンヤミン・コレクション(1)』浅井健二郎編訳・久保哲司訳、ちくま学芸文庫、一九九五年、六五五頁。

ことが、必要とされている。

柄谷行人がいうように、生活という組織体の綻びは、福祉、医療、大学など、資本主義経済の外部のものとみなされてきた領域までもが資本主義化されたことにより引き起こされたと考えることもできる。であるがゆえに、このいっそうの資本主義化に対抗することが、生活世界の再構築には不可欠であると考えることもできる。となると、そのために必要なのは、「非資本制的な生産−消費協同組合や代替通貨が存在すること」[*28]ということになるだろう。

たしかに、このような非資本主義的な経済圏があることにより、生活世界を再構築し、集団的な存在様式を新たに織り成していくことは、容易になると考えられる。それは、経済成長路線とは一線を画した暮らしの原理の構想にとって、必須条件であるとすらいえるかもしれない。

だが、そういった経済圏が成り立つためには、そこで実際に暮らし、生活していく人々が存在していることを要する。さらには、このような暮らしが営まれていく場となるような生活世界が保持されていることを要する。つまり、資本への対抗運動が成功し、非資本制的な生産−消費組合が成立しえたとしても、そこで営まれる生活が失調し、綻びつつあるならば、その存続はいずれ困難になる、ということだ。

つまり、生活世界の再構築なくして資本制への対抗運動はありえない。対抗運動のためのアソシエーション的なシステムが成り立ち実際に作動するための具体的な生活の場を、そこでさまざまな人々が暮らし集団的に存在している場を、再構築することもまた重要である。

生活という組織体の再構築、活性化は、社会制度や下部構造の変革といったことではなく、まさにそこで人々が暮らし、さまざまに感じ、考えている場でなんらかの失調が起こっているということを感知するところからしか起こりえない。

失調は、悩みや痛みとして感覚される。その痛みは、各人が内に抱えているかぎり、絶望へと内向する。暴発することもあるだろう。この暴発へとむかいかねない痛みを、ひとりひとりの内面に閉じ込めず、出会わせ、生活の再活性化のための原点へと導いていく回路が必要とされている。そのような回路、場の創出こそが、切に求められている。

だが、それは容易ではない。私たちは、出会えない関係性、抑圧／被抑圧の関係性が重層的に張り巡らされた状態を生きている。そのもとで、生活という組織体が蝕まれ、壊れつつある状況が、なすすべもなく放置されている。この状況にいかにして働きかけるか。七〇年代前半の思想と実践の主要課題は、じつはこういうことだった。出会い、人と人との関係性、自然との関係性、生活、文化といったことにかんする濃厚な思考が各地で試みられたのは、まさにこのときだった。

＊27　フェリックス・ガタリ『三つのエコロジー』一九頁。
＊28　柄谷行人『トランスクリティーク』四四五頁。

本書は、こうした思考の蘇生を試み、現代的な意義を検討しようとするものであった。田中美津と松下竜一という、当時においては接点もなかったであろう二人の思想を中心に検討したのも、それらが、抑圧／被抑圧の日常的な関係性に絡めとられた状態から解放された生活の組織体がいかなるものであるのかを提示しようとしたものだったからだ。

彼らは、生産性の論理、開発の強行と対峙する過程で、生活を営むことの条件となるのはいったいどういうものであるかをつかみとり、言葉へと定着させようとした。ここでつかまれたもののすべてが言語化されたとはかぎらないし、厳密な理論化も、十分であったとはいいがたいといえるかもしれない。しかしながら、彼らの思想は、その理論化の度合いの緻密さよりも、現実に生活が成り立ちがたくなっていく状況において徹底的な生身の思考を試みた過程で生みだされてきたものであり、そのかぎりでは、真に独自のものであった。

かつて、生活世界の資本主義化、人工化が過度なまでに推し進められることに対峙しつつも敗れ去り、いつしか忘却されてしまった思想は、現代という、この過度なまでの人工化がはたして今後も継続しうるか不確かな状況にあってこそ、その意義を回復する。

生活という組織体が綻びていく状況を生きているのだとしても、絶望せず、生きていかねばならない。生きたいと、熱烈に欲することが必要である。そのためにも、この綻びていく組織体を新たに織り成していく必要がある。

生活という組織体は、住むこと、食べること、会話すること、掃除すること、子育てといった養育など、さまざまな営みから織り成され、住居や食材など、さまざまな物質的な存在がそこでないまぜとなり、さまざまな価値観、習慣という精神的な創造物もまたその織糸となっている。心的物的ともつかぬ、こういった複合体を織り成すというのは、資本主義化に対抗するためのアソシエーションの形成とは、別のことである。

その根本にあるのは、発生し、育つ、という働きである。それは新しい命の発生と成長というだけではない。人と人との出会い、人と自然との出会いもまた、発生し、育つものである。出会いの発生、成長が、人と人、人と自然の関係性を豊穣にしていく。この関係性は、もちろん、おのずと豊かになるのではない。命を、そして出会いを発生させ、育てるという、能動的な営みを欠くなら、それらはいずれ死滅する。そうならないためにも、この営みが成り立つことの条件となる自律的な場が必要となる。それはけっして静態的な場ではない。育て、育てられる、世話し、世話されるということは、そこで新しく何かが生まれることであり、伝えられ、継承されるということである。そこは活動的な場であり、未来へと開かれた場である。

これが単調になり、不活性状態に陥るとき、生活世界は荒涼となる。かつてこの単調化、不活性化は、経済成長のもとで進行した。商品化であり、抽象化であり、画一化である。だが今の単調化、不活性化は、商品化や抽象化や画一化などがはたして今後も続くかどうか不明な情勢のもとで進行中である。少なくともいえるのは、生活世界の単調化、不活性化は、その画一化、抽象化とは別のこととして、切り離して考える必要がある、ということだ。

問題なのは、不活性化した状態においてなおも生活せねばならないという袋小路である。この袋小路の打開のためには、生活という組織体が硬化し、萎縮している状態を解きほぐし、蘇生させることを要する。それをガタリは、「特異化の過程が一貫性を保ちうるような価値世界を再獲得すること」[*29]と表現する。このような価値世界は、それを萎縮させ、歪め、馴致していく諸関係に絡めとられることへの抵抗をその存立の条件とするが、ここでいわれる抵抗は、こういった創造、変異の過程を局所的につくりだし、存続させ、そこで実際に生きようとする実践を土台とするものである。

解きほぐすこと

私たちが生きているこの世界を、伊藤計劃は、『ハーモニー』でこう把握した。

人は生まれてから百数歳ぐらいで死ぬまで、何の病気にもならずに、イヤなものは一切見ることなく過ごしていける。穏やかさがすべてを覆い尽くしたこの世界。

それは固定した時間だった。
変化のない空間だった。[30]

そこでは、他者を信じなければならないという強迫観念が、社会の支えとなっている。つまり、「お互いを慈しみ、支え合い、ハーモニーを奏でるのがオトナ」[31]だという強迫観念である。水平的な「つながり」へと包摂され、統合されていたいという欲求である。だがこれは、他者と一緒に暮らしたいという内発的な欲求から出てきたものであるとはかぎらず、ありうべき大災禍への恐怖、不信を前提とする強迫観念である。他者への信頼、共同性、絆が過度なまでに要求されるということの裏に隠されているのは、人々のあいだで起こりうる不測の事態を可能なかぎり抑止しなくてはならないという至上命題である。

伊藤の述べていることには、ただのフィクションだといって片付けることのできない真実が含まれている。大災禍への恐怖ゆえにつくりだされた「固定した時間」「変化のない空間」は、

＊29　フェリックス・ガタリ『三つのエコロジー』七一頁。
＊30　伊藤計劃『ハーモニー』ハヤカワ文庫JA、二〇一〇年、一九四頁。
＊31　同、二一一頁

私たちの生きている世界そのもののことだ。戦争であれ、災害による事故であれ、なんらかの破局的事態が到来するかもしれないという危うい状況を潜在的に生きるようになってしまった私たちは、これらを抑止するためにはまず平穏な世界を人工的に構築し、そこに住まうより他に、生きる術を持たなくなりつつあると思い込まされている。

とはいえ、穏やかさがすべてを覆い尽くした世界が現実世界のすべてを覆い尽くすとはいいきれない。それが成立するのはあくまでも、局所局所においてである。それは、穏やかでもなければ、好ましくもないイヤなものを除去し危険な場所から逃れた世界でしかない。この穏やかで平和な世界は、その外にひろがる危険な場所と、非対称的な関係にある。平穏で平和な状態が、その外側へと放擲され、隔てられた世界の不安全、危険と引き替えにして構築される、という関係性である。

生活世界は、二つのやり方で、失調している。つまり、過度な安全のもとでの停止と、見放され、無視された状態のもとでの破綻、というように（前者の意味での失調は、ふつう失調としては経験されないのであるが）。

過度に平穏な状態のもとでの停止は、テロや、暴力的な破壊行為で、打開が可能と考える人もいるかもしれない。つまり、排除され、放擲された人々の怨恨を組織化し、攻撃させる、ということだ。だがこれは、逆に平穏であろうとする欲求を煽ることにしかならない。結局は、安全と停止の度合いがさらに高まるだけだろう。

不安全で破綻した世界の失調状態は、経済発展の恩恵を授け、平穏な世界へと包摂することにより、可能になると考える人もいるかもしれない。だが、経済発展自体が、不安全で破綻した世界を必然的につくりだしてきたのだから、今ある破綻した世界が包摂されても、また別の破綻した世界があらたにつくりだされてしまうことになるのではないか。包摂され、安全な世界と、無視され、破綻した世界との非対称的な関係構造自体は、不変のまま温存されてしまう。

この失調状態からの回復は、この非対称的な関係性に働きかけることによってのみ、可能になるといえるのではないか。もちろんそれは容易ではない。そもそもが、このような関係性の張り巡らされた状況を生きていると自覚すること自体、容易ではない。自覚したからといって、ではそれをどう変えたらよいのかと考えてみても、どうしようもない現実として容認するより仕方がないという結論しかでてこないのではないかという人も、多いかもしれない。

本書で考えたかったのは、こういった非対称的な関係を生きてしまっている状態は、人間にとって耐えられるものなのか、ということである。生活の失調は、このような関係形式が課され、一方では無関心が、他方では無視され排除されていることにともなう絶望感と怨恨が高まるという状態が固定化されていくところで起こっている。失調し、綻びていく組織体は、この関係形式に絡めとられ、硬直していく。

ここで、何ができるのか。李静和は、ポストコロニアリズムを語ることのむずかしさを論じた一九九七年の文章で、[32] そうしたところでできることを、「恨みとか怨恨ではなくて、解きほぐすこと」、と記した。それは、「上から与えられる共生」ではないし、あるいは、怨恨を通じた関係形式の転覆というのでもない。

抑圧という心の傷、自分だけではなくて、さらに救われない魂たちを、逆に抱え込むことによって、本当の意味で共生、ともに生きることの可能性を設定する。

抱え込む、抱き込む、いだく、いだきこむ、抱き取る……そういう問題だと思う。[33]

抱え込む、救いとることの空間。そういうものが、求められている。抱え込まれ、救いとられるところではじめて、出会いはおそらく可能になる。誰にも出会えない体制は、非対称的な関係性に絡めとられた状態を解きほぐしていくところにおいて解除される。李は、これを解除する力は、〈母性〉だという。「生きていく生活力」としての〈母性〉、である。

国家イデオロギーとか女性イデオロギーを超えるようなその隙間を逆に乗っ取るような〈母性〉が、弱者や、あるいは疎外されている人々を抱擁しうる、抱きとる力として働きうるならば、〈母性〉なるものをあえて否定する必要はないのでは。[*34]

たしかに、抑圧をはねかえすのではなくそれを解きほぐしていく力は、革命や独裁といった言葉よりも、〈母性〉という言葉のほうがふさわしい。それを現実の母に本質的に備わるものとみるのではなく、働きとしてみること。[*35]〈母性〉としかいいようのないそうした力の起こりうる場を、局所的ではあっても、とにかくつくろうとすることが、大切である。そのためには、そうした働きがなおも可能であるのだと信じなくてはならない。

それは、分断された空間をつなぐことや、閉ざされた障壁を開くといったこととは違う。上

＊32 李静和の思考の重要性は、花崎皋平の著書から学んだ（『〈共生〉への触発』七七—八八頁）。

＊33 李静和「つぶやきの政治思想」『思想』一九九七年六月号、一二一頁。

＊34 同、一一九頁。

＊35 ここで李がいっているのは、「母性」という言葉の意味内容の捉え直しである。かつて「母性」は、総力戦体制のもとで、夫や子どもを戦争へと送り出し支える女の義務を正当化する言葉として用いられた。また、戦後においては、母が子を育てることの自明性を正当化し、それができない母親を鬼母とレッテル張りする言葉として用いられた。こういった負の歴史を背負う言葉であるからこそ、李のいう母性が何を意味しているかについては、従来の母性の意味内容とは区別して考えておく必要がある。

から課される共生や交わりといったこととは違う。未来の公共空間は、過度な安全のもとでの停止、硬化した無関心、変化のない空間が解きほぐされていくのにともない、見放され無視された状態にあって解体し失調していく生活の場が織り成されていく、そういう働きが具体化していくようなところに展望されることになるだろう。

この空間は、人が集まり行為しながら集まるならばどこであれ成り立つことになる空間という、アーレントがいうような意味での公共空間とは、かならずしも、一致しない。活動が停止するなら消えてしまい、閉じてしまう、そういう意味での空間とは別のものである。問題なのは、公的活動が不在であること、空間が閉じていることではない。活動は盛んであっても、空間はひらかれていても、つながりの機会は増えてはいても、公共空間は停止し、活気を欠いていることがある、これが問題なのだ。

この停止、不活性のもとにある生活の場において、出会わせ、集まらせていく働きを生じさせていくこと。公共空間は、こうした働きかけにおいて、創出されることになる。それは、生活という組織体の綻び、硬化、不活性状況のさなかにあって、つくり出される空間のことだ。マサオ・ミヨシは、グローバルな環境悪化のさなかにおいて、包み込む全体性（inclusive totality）とでもいうべきものを取り戻すことが必要とされると述べている。つまり、自然資源の乱獲や生活環境の改変をはじめとする人間の営みゆえに起こってしまった環境悪化——それはもちろん、自然環境というだけでなく、社会環境や人間の内面的な領域の悪化でもある——を治癒するに足る組織体として生活を織り成すことができるかどうかは、真にグローバルであり、すべてのものを包み込む、惑星に依拠した全体性（planet-based totality）の感覚を回復できるかにかかっている。[*36]

各人が感じる痛みは、安易には共有できない。開かれた空間の明るみに、さらけだすことなどできない。それでも痛みは、各人の自己責任として片づくようなものではない。個人や地域や国家といった限定された範囲内では、対処しえない。私たちがいまここで感知する痛みは、惑星規模であまねく経験されている、共通の痛みの一部だからだ。

包み込む全体性としての公共空間という構想が、必要とされている。それは、上から包括するといったことではないし、あるいは、排除されたものを包摂するというのでもない。閉ざされた複数の空間のあいだに形成されるというのでもない。とりわけ悪化の兆しが顕著に現れている局所において、それを治癒すべく穿たれる、出来事としての場のようなものだ。この局所性については、個別的でもなければ、散発的でもなく、他の局所的な場と共鳴し、互いに包み込み合う、そういう性質のものとして、考えておくべきだろう。

---

*36 Masao Miyoshi, *Trespasses*, Durham and London: Duke University Press, 2010, 260-261.

あとがき

本書のもととなったのは、二〇一一年の『社会思想史研究』に掲載された論文「アーレントの思想における「権利をもつ権利」の検討」である。ハンナ・アーレントの公共性についての思想を『全体主義の起原』に始まるものとして捉え直すことができないかという関心から書かれた論文であったが、査読の過程で書き直すうちに、アーレント論としては収拾がつかなくなった。論文は完成したものの、アーレント論とは独立させて論じるべき課題がいろいろと出てきた。同時期に書いていた私の前著『空間のために』にも収まり切らない課題である。公共性は生活の失調というところから考えなくてはならないのではないか、ということだ。

だが、それはずいぶんと漠然としていて、取り組むのには時間もかかるだろう。一冊書いたところであるし、いずれやればいいのではないかと思っていたところで、震災が起こった。

震災と原発事故のあと、騒然とした状況がつづくなか、何か書かねばならないのではないかと思うようになった。出来事のショックを受けとめつつ、何が起こっているのか、どうしてこんなことになっているのかを、筋道たてて考えて書いてみたらいい。それは多分、震災前に萌しつつあった、生活の失調という問題関心と重なる。

書き進め、破棄し、書き直すことを積み重ねていくうちに、どういうわけか関心が、過去へと向かっていることに気づいた。出来事は、たしかに不意打ちだったけれども、脈絡を欠いた偶然的なものではなく、起こるべくして起こった。私たちの気づかぬところで着実に起こりつつあった。私たちは、起こりつつあったこの出来事を、見て見ぬふりをしてやりすごしてきただけなのだ。ならば、それがどうやって起こりつつあったのか、どうやってやりすごしてきたかを考えておく必要がある。

ひょっとしたら、起こりつつあることをやりすごし、見て見ぬふりをするというのは、今に始まることではないのかもしれない。一九九四年に単行本化された岡崎京子の『リバーズ・エッジ』に、印象的なセリフがある。登場人物の一人である若草さんのセリフだ。

あたし達は
何かをかくすために
お喋りをしてた

ずっと
何かを言わないで
すますために

えんえんと放課後
お喋りをしていたのだ

お喋りをしてしまうのは、この「何か」が恐いからで、見ないでいたいからだ。それでも、この恐い「何か」は、現実にあるし、なんらかの形で起こってしまう。阪神淡路大震災も、地下鉄サリン事件も、九・一一テロも、三・一一の震災も、一九九四年当時には、まったく予想できなかったが、とはいえ、神戸の埋め立ての不自然さは指摘されていたし、サリンなどの製造設備は上九一色村に建造されていたし、サウジアラビアには米軍が駐留していたし、東京電力福島第一原発は稼働していた。そういった現実が語られていてもさして気にとめられることなく、皆が皆、お喋りに興じていた。

そしてお喋りは、何かが起こったからといって、止むとはかぎらない。お喋りは、そのまさに起こった出来事をめぐる饒舌と化す。饒舌だからといって、肝心なことがいわれているともかぎらないし、むしろ逆に、肝心なことをわからなくさせる、無駄口、雑音と化すこともある。

お喋りを拒否し、何が起こりつつあるのか、どうしてこうなっているのかを考える勇気を持たねばならない。そのためにも、現実を見据え、平静に考え、語るための言葉が必要なのだ。

以文社の前瀬宗祐氏とは、震災後、頻繁に連絡をとりあった。『空間のために』のゲラ作業中に震災が起こったということもあり、仕事のすすめかたなどの話もせねばならなかったが、それだけでなく、この震災のショックが今後の暮らしにどういう影響を及ぼすかをめぐって、長々と議論をした。本書は、前瀬氏とのこうした議論から、多くの示唆をえている。そこから出てきた無数の問いに答えたものといっても過言ではない。大学などの研究機関に属することなく、科研費などの研究助成もない状態で書かれた本書は、低予算映画のような作品であるといってもいいが、かならずしもわかりやすいとはいえない草稿を丹念に読み、そのつど有益なコメントをしてくれた前瀬氏のおかげで何とか完成した。刊行をこころよくひきうけてくれた前瀬氏、そして以文社社長の勝股光政氏に感謝する。

そして本書は、村澤真保呂氏と二〇〇九年に集中的におこなっていたインフォーマルな研究会の成果でもある。震災後の論考で、村澤氏は、「自然／人間の二元論にもとづかない新たな自然観と人間観（社会観）を構想すること」の重要性を説いている。これは、とりわけ震災後になり重要性を増したとはいえ、じつは、当の研究会で私にむかっていつも説いていたことであった。二〇〇〇年代なかばから急激に変わった大学では、こうした議論をする場が減った。何の成果につながるかわからないような哲学談義にとことん付き合いいつも示唆的な意見をしてくれる村澤氏には本当にお世話になっている。

それ以外にも、本書が成り立つ過程では、多くの人のお世話になり、励まされてきた。全員の名を挙げることはできないが、とくに、桜井大造氏および野戦の月のみなさんを中心にしておこなわれた二〇一一年七月の読書会（クニタチ読書会）、および、二〇一一年秋の東京公演「汎ヤポニア　フクビキビキニ譚」を観たことは、本書を完成させていくための活力になったことを記しておきたい。

本書を書いていたときになにかと思い出したのは、九〇年代後半の学部生時代のことである。創設まもない総合人間学部では、「何をやってもいい」という反面、「何をやったらいいのかわからない」という状況が蔓延していた。そこで右往左往していた私がこうしてまがりなりにも何かを考え書くことができるようになったのは、学部から大学院にいたるまで見放すことなく指導してくれた間宮陽介先生のおかげである。指導といっても、考えて書くことの心構えという、基本的なことである。何かを書いては一行たりとも読まれることなく却下され、同じようなことをいわれて正直うんざりすることもあったが、時間がたって、さらに本書を書き終えてみて、このときの経験なくして今の自分はないということがようやくわかってきた。先生の学恩を蒙ることができたのは幸運だった。記して感謝したい。

生活を維持し存続させることの困難のなか、執筆をやめないでいられたのは、妻の凡子のおかげである。また本書を書くにあたっては、娘の優芽による、日々の苛烈で愉快な実地教育からかなりの示唆をえている。ありがとう。

二〇一二年三月一六日

篠原雅武

【著者紹介】

篠原雅武（しのはら・まさたけ）

1975年生．社会哲学，思想史専攻．

1999年京都大学総合人間学部卒業．2004年京都大学大学院人間・環境学研究科博士課程単位認定退学．京都大学博士（人間・環境学）．

日本学術振興会特別研究員などを経て，現在，大阪大学大学院国際公共政策研究科特任准教授．

著書に，『公共空間の政治理論』（人文書院，2007年），『空間のために』（以文社，2011年）．

共訳書に，M・デイヴィス『スラムの惑星：都市貧困のグローバル化』（明石書店，2010年），J・ホロウェイ『革命：資本主義に亀裂を入れる』（河出書房新社，2011年）ほか．

全一生活論　転形期の公共空間

2012年4月30日　初版第1刷発行

著者　篠原雅武

装幀　市川衣梨

発行者　勝股光政

発行所　以文社

〒101-0051　東京都千代田区神田神保町2-7
TEL 03-6272-6537
FAX 03-6272-6538
印刷・製本：シナノ書籍印刷

ISBN978-4-7531-0302-7

非対称化する世界──『〈帝国〉』の射程
近年の急速なグローバリゼーションは，合理性を表象すると信奉されてきた〈市場原理主義〉を暴力的な原理主義に変貌させている．『〈帝国〉』で提議された問題群の展開．
酒井直樹・宇野邦一・市田良彦ほか　四六判256頁・定価2520円

国家とはなにか
国家が存在し，活動する固有原理とは？「暴力の運動」を問い，既成の国家観を根底から覆す．歴史を貫くパースペクティヴを開示し，現在への思考を鍛える画期的な国家論．
萱野稔人　四六判296頁・定価2730円

国力論──経済ナショナリズムの系譜
近代西洋思想の古典を斬新な切り口で解釈し，そこに隠されていた経済ナショナリズムの理論を現代に蘇らせる，保守的にして革新的な論考．TPP批判の旗手の記念すべきデビュー作．
中野剛志　四六判224頁・定価2310円

民主主義の逆説
ロールズ，ハーバマス，ギデンズなどの「合意形成」の政治学を批判的に検討し，シュミットの政治論，ウィトゲンシュタインの哲学から，自由と平等の根源的逆説に迫る．
シャンタル・ムフ　葛西弘隆訳　四六判232頁・定価2625円

功利的理性批判──民主主義・贈与・共同体
〈利益〉を絶対視し市場の覇権を招いた経済的モデルに異を唱え，気鋭の社会科学者たちが〈贈与論〉のモースの名の下に結集．この革新運動の主幹，アラン・カイエによる宣言書．
アラン・カイエ　藤岡俊博訳　四六判272頁・定価2940円

ホモ・サケル──主権権力と剥き出しの生
アーレントの〈全体主義〉とフーコーの〈生政治〉の成果をふまえ，主権についての透徹した考察から近代民主主義の政治空間の隠れた母型を明かす，画期的な政治哲学．
解題：閾からの思考──ジョルジョ・アガンベンと政治哲学の現在（上村忠男）
ジョルジョ・アガンベン　高桑和巳訳　A５判288頁・定価3675円

正戦と内戦——カール・シュミットの国際秩序思想
20世紀政治哲学の巨人，カール・シュミットの最初期から晩年までの思想を完全網羅し，その挫折と可能性を導き出した渾身の力作．政治的なものの思想を磨くために．
大竹弘二
A５判528頁・定価4830円

死にゆく都市，回帰する巷——ニューヨークとその彼方
都市のモデルとしての役目を終えたニューヨークから，来たるべき「巷としての都市」への夢想を開始し，世界民衆たちの希望を未来へと解き放つ，著者初のエッセイ集．
高祖岩三郎
四六判208頁・定価1995円

原子力都市
「鉄の時代」の次にあらわれる，より酷薄な「原子の時代」．都市の尺度・輪郭を失わせてしまうこの時代の日本の都市を，著者自らの足で訪ね歩き，その核心を抉る．
矢部史郎
四六判192頁・定価1680円

魯迅と毛沢東——中国革命とモダニティ
経済的発展と社会的矛盾が同居する中国で，いま熱烈に読み直されている文学者と政治家．この二人の思想と実践を軸に中国の近代化の意味と知識人が果たすべき役割を問う．
丸川哲史
四六判320頁・定価2940円

民主主義は，いま？——不可能な問いへの８つの思想的介入
「民主主義」という，冷戦の終結およびグローバリゼーションの発展以降，急速に規定困難化した政治的概念をめぐり，現代を代表する思想家８人がその「不可能性の可能性」を探る．
Ｊ·アガンベン，Ａ·バディウ，Ｄ·ベンサイード，Ｗ·ブラウン，Ｊ=Ｌ·ナンシー，Ｊ·ランシエール，Ｋ·ロス，Ｓ·ジジェク　河村一郎ほか訳
四六判232頁・定価2625円

脱構成的叛乱——吉本隆明，中上健次，ジャ・ジャンクー
われわれ個々人の世界との〈異和〉は，いかにして〈抵抗〉となり〈叛乱〉となりうるのか？　吉本，中上，ジャ・ジャンクーらの試行をとおして，その条件を追究する．
友常勉
四六判312頁・定価3360円